Pioden y Nadolig

Gwenno Hywyn

Gwasg
Gwynedd

Argraffiad cyntaf – Medi 1989

ISBN 0 86074 052 8

Dymuna'r cyhoeddwyr gydnabod cymorth a chyfarwyddyd Adrannau'r Cyngor Llyfrau Cymraeg a noddir gan Gyngor Celfyddydau Cymru.

Agraffwyd gan Wasg Gwynedd, Caernarfon.

PIODEN Y NADOLIG

Pennod 1

Safai Gwen yn llonydd fel delw. Wyddai hi ddim beth i'w wneud. O'i chwmpas roedd holl fwrlwm siop fwyaf Abergwynant ychydig ddyddiau cyn y Nadolig — pobl yn rhuthro yma ac acw, yn gwthio'u ffordd at y cownteri llwythog, yn trafod ac yn dadlau'n groch. Ond fedrai Gwen glywed dim ond sŵn ei chalon ei hun yn curo fel tabwrdd. A phrin y gwelai'r bobl na'r addurniadau lliwgar a grogai o nenfwd y siop. Roedd ei llygaid wedi'u hoelio ar y bag oedd yn llaw'r hen wraig a safai o'i blaen — bag piws llachar a blodyn melyn fel yr haul ar ei ganol. Roedd hi'n siŵr, yn berffaith, berffaith siŵr, iddi weld yr hen wraig yn llithro siwmper oddi ar y cownter a'i gwthio'n llechwraidd i'r bag.

Gan ddal ei gwynt, camodd Gwen yn nes i geisio cael gwell golwg ar yr hen wraig a ddaliai i bwyso dros y cownter yn byseddu'r siwmperi trwchus. Fedrai Gwen ddim gweld ei hwyneb. A dweud y gwir, ni fedrai weld ei gwallt 'chwaith ond gwyddai, oddi wrth ei dillad, ei bod yn hen. Dim ond rhywun hen fyddai'n gwisgo côt ddu a gwyn mor llaes a di-siâp ac yn cuddio'i phen â sgarff mawr du a wnâi iddi edrych yn debyg iawn i bioden.

Brathodd Gwen ei gwefus mewn penbleth. "Mae hi'n dwyn fel pioden hefyd," meddai wrthi'i hun. "Ddylwn i 'i rhybuddio hi 'mod i wedi gweld? Ynteu ddylwn i ddweud wrth un o weithwyr y siop?"

Gwthiodd criw o bobl rhwng Gwen a'r cownter ac, am ychydig eiliadau, collodd olwg ar yr hen wraig. Ond yna, wedi i'r criw symud, medrai weld yn glir eto ac agorodd ei llygaid yn fawr. Roedd yr hen wraig yn tynnu siwmper oddi ar y cownter — siwmper binc tywyll, feddal a moethus yr olwg — ac oedd, unwaith eto, roedd hi'n gwthio'r siwmper yn llechwraidd i'r bag piws a'r blodyn melyn arno.

"Mae'n rhaid imi wneud rhywbeth!" meddai Gwen wrthi'i hun yn wyllt. "Fedra i ddim sefyll a gadael iddi hi ddwyn pethau. Beth wna i?"

"Beth sy'n bod arnat ti? Rwyt ti'n edrych fel taset ti wedi gweld ysbryd?"

Trodd Gwen wrth glywed y llais cyfarwydd y tu ôl iddi. Roedd breichiau Bethan, ei chwaer fawr, yn llawn o barseli ac roedd ei llais yn llawn dirmyg wrth iddi amneidio ar Gwen i gymryd rhai oddi arni.

"Rydw i wedi prynu sebon i Nain a hancesi i Taid a Chapten Mathews heb sôn am yr holl bethau oedd ar restr Nain," meddai'n flin. "A dwyt ti wedi gwneud dim ond sefyll yn fan'ma'n synfyfyrio. Beth sy'n bod arnat ti, Gwen?"

Caeodd Gwen ei cheg yn dynn. Gallai'n hawdd ateb nad hi oedd yr un a arferai synfyfyrio a gallai edliw ei bod cyn hyn wedi treulio oriau ac oriau'n lladd amser tra bod Bethan yn gwneud stori ddwl yn ei phen. Ond doedd dim amser i ffraeo rŵan. Roedd yr hen wraig wedi gadael y cownter siwmperi ac yn ymlwybro tua drws y siop.

"Y ddynes yna!" meddai dan ei gwynt wrth Bethan. "Mae hi wedi dwyn pethau o'r siop — dwy siwmper o leiaf."

Edrychodd Bethan yn syn ar ei chwaer. A dweud y gwir, teimlai Gwen yn ddigon rhyfedd erbyn hyn, fel pe bai wedi fferru. Gwyddai'n iawn y dylai wneud rhywbeth ond rhywsut gwrthodai ei chorff symud. Peth ofnadwy fyddai cyhuddo rhywun ar gam.

"Efallai bod y ddynes yn bwriadu talu wrth y til," meddai wrthi'i hun. "O gobeithio 'mod i'n iawn! Os na thalith hi, mi fydd rhaid imi weiddi ar rywun."

Ond wnaeth yr hen wraig ddim stopio. Cerddodd yn rhyfeddol o sionc heibio i'r til ac allan i'r stryd gan adael Gwen yn syllu'n ddiymadferth ar ei hôl. Fedra i ddim gweiddi, meddyliodd. Mi fasai pawb yn troi i edrych arna i a beth os ydw i wedi gwneud camgymeriad?

Ac yna cafodd syniad. Cydiodd ym mraich ei chwaer fawr.

"Tyrd!" sibrydodd yn ffyrnig. "Rhaid inni'i dilyn hi."

Symudodd Bethan 'run fodfedd ac aeth Gwen yn ei blaen yn frysiog, "Efallai 'i bod hi'n perthyn i giang, neu efallai 'i bod hi'n rhy dlawd i brynu dillad."

Meddalodd wyneb Bethan yn syth — roedd wrth ei bodd efo stori ramantus — a rhedodd y ddwy chwaer o'r siop. Roedd llawer o bobl ar y stryd ond, wrth sefyll ar flaenau'u traed, gallent weld y sgarff du yn y pellter. Roedd yr hen wraig wedi symud yn gyflym iawn.

"Tyrd!" meddai Gwen gan wthio'i ffordd drwy'r criwiau siopwyr, ond doedd dim angen annog ei chwaer. Roedd golwg freuddwydiol, bell ar wyneb Bethan a gwyddai Gwen ei bod yn ei dychmygu'i hun yn santes yn achub yr hen wraig o dlodi dychrynllyd.

Cyrhaeddodd y ddwy gornel a rhoddodd Gwen ochenaid o ryddhad o weld y ffigwr yn y gôt ddu a gwyn a'r sgarff du a'r bag piws yn ei llaw yn prysuro ar hyd stryd dawelach a arweiniai oddi wrth y prif siopau.

"Mi fydd yn haws ei dilyn hi rŵan," meddai wrthi'i hun gan amneidio ar Bethan i frysio.

Ac yna, y munud hwnnw, teimlodd law yn cydio yn ei braich.

"Gwen a Bethan! Wel, rydw i'n falch o'ch gweld chi! Ydych chi wedi dod i aros i Faeheli dros y Nadolig?" holodd llais clên a throdd Gwen i weld Gerwyn, eu ffrind a gadwai siop hen greiriau yn Abergwynant, yn gwenu arni. Fedrai hithau ddim peidio â gwenu'n ôl a gwyddai bod Bethan hefyd yn falch o weld Gerwyn. Doedd yr un o'r ddwy wedi sylweddoli eu bod newydd fynd heibio i'w siop.

"'Rydyn ni'n aros efo Nain a Taid am bythefnos," atebodd Gwen yn frysiog gan droi i edrych i lawr y stryd unwaith eto. Ond roedd yn rhy hwyr. Roedd y stryd yn un hir a syth, heb stryd arall yn arwain ohoni. Chafodd yr hen wraig ddim amser i gyrraedd y pen draw ond doedd dim golwg ohoni yn unman. Roedd wedi diflannu fel neidr i'w thwll.

Pennod 2

Edrychodd Gwen o'i chwmpas mewn penbleth.

"Roedd hi yma funud yn ôl," meddai wrthi'i hun. "Mae'n rhaid ei bod hi wedi mynd i un o'r tai. Dyna'r unig ateb."

Edrychodd eto ar hyd y stryd. Roedd ychydig o bobl yn cerdded yma ac acw ac roedd ceir wedi'u parcio'n un rhes hir wrth y pafin. Ond doedd dim golwg o'r hen wraig. Yn frysiog, heb wastraffu geiriau, eglurodd y sefyllfa wrth Gerwyn. Ond chafodd hi fawr o gydymdeimlad.

"Mae 'na lawer o ddwyn cyn y Nadolig fel hyn," meddai. "Mae'r siopau'n brysur a fedr pobl ddim cadw golwg ar bopeth. Does 'na ddim y medri di 'i wneud, Gwen fach. Chei di ddim antur heddiw, mae arna i ofn. Rŵan, dowch i mewn i'r siop am sgwrs. Dydw i ddim wedi'ch gweld chi ers wythnosau."

Anwesodd ben Gwen a chamodd i mewn i'w siop greiriau. Dilynodd Bethan yn eiddgar gan holi am Lowri Mair, ei gariad, ac am eu cynlluniau i ailadeiladu hen fwthyn Lisi Meri ger pentref Baeheli. Yn ystod yr haf, pan oedd y ddwy chwaer wedi dod o Lundain i aros efo Nain a Taid ym Maeheli, roedden nhw wedi syrthio mewn cariad â'r bwthyn ac wedi gwneud eu gorau i'w warchod rhag y ffermwr oedd am ei chwalu'n llwyr. Roedd y ddwy wrth eu boddau pan benderfynodd Gerwyn a Lowri Mair brynu'r lle i'w droi'n gartref ac roedd Bethan, wrth gwrs, yn meddwl bod y peth yn rhamantus ofnadwy.

"Mae honna wedi anghofio'n llwyr am yr hen wraig," meddai Gwen wrthi'i hun yn flin gan gymryd un cip olaf ar hyd y stryd cyn camu i mewn i'r siop. "Mae hi'n meddwl y caiff hi fod yn forwyn briodas pan fydd Gerwyn a Lowri Mair yn priodi yn ystod gwyliau'r Pasg."

A dweud y gwir, fyddai dim gwahaniaeth gan Gwen fod yn forwyn 'chwaith. Gwthiodd ddirgelwch yr hen wraig i ddyfnderoedd ei meddwl a throdd i ymuno yn y sgwrs.

"Ac rydych chi am dreulio'r Nadolig ym Maeheli," meddai Gerwyn. "Mi fydd Lowri Mair yn falch o glywed hynny. Ers pryd rydych chi yno?"

"Mi ddaethon ni ar y trên ddoe, yn syth ar ôl i'r ysgol gau," atebodd Bethan. "Ac mi fydd Mam a Dad yn dod ddiwedd yr wythnos nesaf. Ydi Lowri Mair yn treulio'r Nadolig efo chi?"

"Ydi." Gwenodd Gerwyn yn hapus. "Mae hi'n byw mewn fflat yn Abergwynant erbyn hyn ac wedi cael gwaith yn y dre'. Pam na ddowch chi'ch dwy yma i gael te bnawn fory? Mi drefna i bod Lowri Mair yma hefyd."

"O diolch!" Roedd y ddwy wrth eu boddau ac roedd Gwen hyd yn oed wedi anghofio am yr hen wraig wrth feddwl am gael holi Lowri Mair am y briodas a'r bwthyn.

Erbyn hyn, roedd nifer o bobl yn aros i brynu pethau gan Gerwyn a chychwynnodd y ddwy chwaer allan. Ond wrth fynd, sylwodd Bethan ar focs bach oedd ar fwrdd wrth y drws — bocs bach pren a cherfiadau cywrain arno.

"O edrych, Gwen!" meddai'n syth. "Mi fasai hwn yn gwneud anrheg ardderchog i Mam a Dad. Rydyn ni wedi bod yn chwilio am rywbeth iddyn nhw."

"Mi fasen nhw'n gwirioni ar hwnna," cytunodd Gwen ac wrth edrych ar y bocs cafodd deimlad cynnes, braf. Yn ystod yr haf, roedd wedi mynd i feddwl na chaen nhw fyth brynu anrheg i Mam a Dad ei rannu. Roedd wedi poeni cymaint — wedi gorwedd yn effro'r nos yn poeni — am fod y ddau'n ffraeo mor aml. Roedd wedi'i hargyhoeddi'i hun y byddai Dad yn mynd i ffwrdd am byth ac na fyddai bywyd yn werth ei fyw. Chwarddodd wrthi'i hun wrth feddwl am y peth. Ers misoedd bellach, roedd Mam a Dad fel mêl efo'i gilydd — ambell i ffrae fach, wrth gwrs, ond gwyddai bod rhieni pawb yn ffraeo weithiau. Roedd popeth yn iawn. Ymhen wythnos, byddai Mam a Dad yn dod efo'i gilydd i dreulio'r Nadolig ym Maeheli a gallai Bethan a hithau brynu anrheg i'r ddau ei rannu.

Sylweddolodd yn sydyn ei bod yn synfyfyrio a bod ei chwaer wedi gwthio'i ffordd yn ôl at Gerwyn i holi pris y bocs. Rydw i'n mynd cyn waethed â Bethan, yn breuddwydio bob munud, meddyliodd gan frysio i ymuno yn y drafodaeth.

Ond ysgwyd ei ben oedd Gerwyn. "Mae o'n rhy ddrud i chi, genod bach. Mae'n rhaid imi gael ugain punt amdano fo ac mae arna i ofn na fedra i ddim fforddio'i roi o'n rhatach i chi, er yr hoffwn i wneud hynny. Mi fydd ar Lowri Mair a minnau angen llawer o bres i ailadeiladu'r bwthyn."

Bu'n rhaid i'r ddwy fodloni ar hynny. Roedd ugain punt yn rhy ddrud o lawer.

"Mi ddown ni i'r dre' eto ddydd Llun i chwilio am rywbeth arall i Mam a Dad," meddai Gwen wrth ffarwelio â Gerwyn a dilyn ei chwaer o'r siop. Safodd ar y trothwy am funud i edrych unwaith eto i lawr y stryd. Doedd dim golwg o'r hen wraig, ond o le cul rhwng dau dŷ daeth dau neu dri o fechgyn — bechgyn tua thair ar ddeg oed. Gwthiodd un ohonynt — bachgen main efo gwallt fflamgoch — rywbeth i'w boced wrth gerdded tuag ati a syllodd Gwen arno a'i meddwl yn gwibio.

"Tybed?" meddai wrthi'i hun. "Welais i mo wyneb yr hen wraig na'i gwallt hi — dim ond ei chôt a'i sgarff a'i bag piws. Ac roedd hi'n cerdded yn sionc ac yn gyflym iawn. Efallai . . . "

Erbyn hyn, roedd y bechgyn wedi cyrraedd siop Creiriau Gerwyn a safodd y bachgen gwallt fflamgoch i syllu'n ôl ar Gwen.

"Eisiau llun, del?" holodd yn haerllug. Ac yna, wrth i Gwen ddal i syllu, galwodd ar ei ffrindiau, "Argol! Sbïwch ar hon! Mae hi o'i cho', mae'n rhaid!"

Llusgodd Gwen ei llygaid oddi arno a chan gadw'i phen yn isel brysiodd ar ôl Bethan. Ond er na ddywedodd air o'i phen, roedd ei meddwl yn gweithio'n gyflym.

"Tybed?" meddai wrthi'i hun. "Tybed?"

Pennod 3

Eisteddai Gwen ar silen ffenest ei llofft yn nhŷ Nain a Taid yn edrych allan dros y wlad. Doedd hi ddim yn gynnar iawn yn y bore ond prin roedd hi'n olau y tu allan. Edrychai'r caeau'n llwm a di-liw ac roedd brigau moel y coed fel bysedd gwrachod yn crafangu'r awyr lwyd. Mi fydd hi'n ddydd byrraf y flwyddyn ymhen deuddydd, meddyliodd gan dynnu'i gŵn nos yn dynn amdani a gwthio'i thraed yn ddwfn i'w sliperi.

Ac yna, gwenodd wrth weld bod mwg yn codi o un o simneiau Gorwel, tŷ ei hen-daid, Capten Mathews, a safai'n unig ar y clogwyn uwchben y môr.

"Mae hi'n glyd yn Gorwel," meddai wrthi'i hun, "ac mi fydd hi'n glyd yma ar ôl cinio pan fyddwn ni i gyd yn eistedd o gwmpas y tân yn gwrando ar y Capten yn dweud straeon."

Cymerodd anadl ddofn. O'r gegin, lle'r oedd Nain yn brysur yn paratoi cinio dydd Sul, deuai arogl cig yn rhostio — arogl cartrefol, braf. Gwasgodd Gwen ei dwylo i'w cheseiliau i'w cadw'n gynnes. Doedd hi ddim wedi teimlo mor hapus ers talwm. Roedd hi mor braf bod yma ym Maeheli eto — Nain a Taid yn brysur i lawr y grisiau, y Capten yn Gorwel yn hwylio i ddod i lawr am ei ginio Sul, Mam a Dad yn ffrindiau eto ac yn cyrraedd ymhen ychydig ddyddiau. Ac oddi tan ac uwchben y cwbl, y teimlad cynnes, cyffrous bod y Nadolig wrth y drws. Roedd Gwen ar ben ei digon.

Dringodd i lawr oddi ar y silen a chamodd at ddrws y llofft.

"Rydw i am fynd i wneud parseli o'r anrhegion brynon ni ddoe," meddai wrth ei chwaer a orweddai yn y gwely'n darllen. "Wyt ti'n dod, Bethan?"

Chafodd hi ddim ateb. Roedd Bethan yn ddwfn yn ei llyfr — stori am gariadon a barnu wrth y llun ar y clawr — a gwyddai Gwen nad oedd haws â swnian arni.

P'run bynnag, doedd dim gwahaniaeth ganddi fynd i lawr ei hun. Roedd rhywbeth yn gyfforddus a diogel mewn cael gwneud parseli yn y stafell glyd y tu ôl i'r siop a chodi'i phen bob hyn a hyn i sgwrsio trwy ddrws y gegin efo Taid a Nain. Ac roedd teimlad o gyffro i'w gael wrth geisio gwneud y parseli heb i neb sylweddoli beth oedd ynddynt.

"Mi fuon ni yn siop Gerwyn ddoe," meddai wrth osod parsel sebon Nain a pharsel hancesi Taid dan y goeden fach a safai ar fwrdd yng nghornel y stafell. "Mi ofynnodd o inni fynd yno i gael te y pnawn 'ma."

Bu distawrwydd am eiliad ac yna daeth Nain i sefyll i ddrws y gegin a chadach llestri yn ei llaw.

"Fedrwch chi ddim, mae'n ddrwg gen i," meddai. "Rydw i wedi addo i Miss Davies yr ewch chi i'r Ysgol Sul y pnawn 'ma."

"O Nain!" Roedd Bethan newydd ddod i lawr y

grisiau ac wedi clywed. "Fyddwn ni'n 'nabod neb yno. Dydyn ni ddim eisiau mynd."

Roedd Gwen yn cytuno'n llwyr. Roedd wedi edrych ymlaen drwy'r bore at gael eistedd wrth y tân ar ôl cinio i wrando ar y Capten yn dweud straeon. Ond er nad oedd Nain yn arfer mynnu, swniai'n ddigon penderfynol y tro hwn.

"Mi fyddwch yn 'nabod Sioned," meddai. "A fydd hi ddim yn beth drwg i chi ddod i 'nabod mwy. Rhag ofn . . . rhag ofn y byddwch chi'n treulio mwy o amser yma yn y dyfodol."

Aeth Gwen yn oer drosti. Teimlai fel pe bai ei gewynnau i gyd yn tynhau'n sydyn. Beth roedd Nain yn ei feddwl? Oedd hi'n meddwl eu bod nhw am ddod i fyw i Faeheli? Ond roedd hynny'n golygu . . . O na! Roedd hynny'n golygu bod Mam am adael Dad wedi'r cwbl, bod y ddau wedi smalio bod yn ffrindiau drwy'r holl fisoedd a . . .

O bell, clywodd lais Bethan yn dal i geisio ymresymu â Nain. Roedd yn amlwg nad oedd ei chwaer fawr yn poeni am un dim ond am orfod mynd i'r Ysgol Sul.

"Does gan hon ddim diddordeb yn ddim byd os nad ydi o mewn llyfr," meddai Gwen wrthi'i hun yn ddiamynedd. "Rhaid i minnau beidio â phoeni. Mae'n siŵr 'mod i wedi camddeall."

Rhoddodd ysgytwad bach iddi'i hun a gwrandawodd ar eglurhad Nain.

"Mae Miss Davies yn cynhyrchu drama fach ar gyfer nos Wener — y noson cyn y Nadolig," meddai. "Roedd hi'n cwyno nad oedd digon o blant ac mi awgrymodd y medrech chi helpu. Plîs, ewch chi er fy mwyn i? Mae hi'n gwsmer da iawn inni yn y siop."

"Gawn ni fynd i gael te efo Gerwyn wedyn?" Roedd Bethan, fel Gwen, yn meddwl y byd o Nain ac yn fodlon gwneud unrhyw beth o fewn rheswm i'w phlesio. Cytunodd Nain a gwenodd ar ei hwyresau.

"Mi ddown ni i'ch gweld chi'n perfformio nos Wener. Mi fydd hi'n union fel tasech chi'n byw ym Maeheli," meddai'n hapus wrth droi'n ôl am y gegin.

Daliodd Gwen ei gwynt eto. Pam roedd Nain yn dweud peth felly? Edrychodd ar Bethan ond doedd ei chwaer ddim wedi sylwi ar ddim, a'r munud nesaf gwthiodd Gwen hefyd y peth o'i meddwl wrth glywed llais dwfn, clir yn galw o'r drws,

"Ydi fy nghinio i'n barod?"

Rhuthrodd y ddwy i groesawu'r hen Gapten Mathews a'i dynnu i mewn i glydwch y stafell gefn.

Pennod 4

Roedd seti pren y festri'n ddychrynllyd o anghyfforddus a phrin y medrai Gwen eistedd yn llonydd. O roedd yn teimlo'n annifyr! Pan gerddodd hi a Bethan i mewn i'r Ysgol Sul roedd pawb wedi edrych arnynt fel pe baent yn greaduriaid o ryw blaned ddieithr. Roedd Sioned, y ferch y daethant i'w hadnabod yn ystod gwyliau'r haf, wedi codi llaw ac roedden nhw wedi troi yn ddiolchgar i eistedd wrth ei hochr. Ond roedd Sioned, ar ôl eu cyfarch yn swil, wedi ailddechrau sgwrsio efo'i ffrindiau eraill gan bwffian chwerthin am rywbeth oedd wedi digwydd yn yr ysgol.

Wedyn, roedd Miss Davies, dynes ganol oed main efo trwyn hir a gwallt cwta, wedi codi ar ei thraed a galw am ddistawrwydd. Ac roedd hi wedi estyn "croeso arbennig" i "ein ffrindiau bach o Lundain". Unwaith eto, roedd pawb wedi troi i edrych ar y ddwy chwaer. O, roedd Gwen yn teimlo fel mwnci mewn syrcas! Hoffai fedru diflannu dan y sedd ac aros yno am awr nes bod y profiad erchyll drosodd. Taflodd gipolwg ar ei chwaer. Daliai Bethan ei phen yn uchel a chwaraeai gwên fach o gwmpas ei gwefusau.

"Mae hon yn dychmygu'i bod hi'n dywysoges neu rywbeth yn ymweld â'r lle 'ma," meddai Gwen wrthi'i hun. "Mae hi'n mwynhau'r holl sylw ond mi wnawn i unrhyw beth am gael dianc."

Ond doedd dim dianc i fod. Roedd Miss Davies yn galw ar y plant i ddechrau ymarfer.

"Mae Hefina, y llefarydd, yn esiampl i chi i gyd," meddai wrth i ferch tua'r un oed â Bethan fynd i sefyll i ganol y sedd fawr. "Mae hi wedi dysgu ei rhan yn berffaith."

Gwelodd Gwen bod y ferch yn gwrido a rhoddodd bwniad i Sioned.

"Pwy ydi honna?" holodd.

"Hefina, nith Miss Davies," atebodd Sioned gan dynnu stumiau. "Mae hi'n byw efo Miss Davies gan ei bod hi wedi colli'i mam a'i thad. Ond paid â theimlo drosti — mae hi'n rêl hogan fach dda. Does neb yn hoff ohoni hi."

Ond fedrai Gwen ddim peidio â thosturio wrth y ferch. Peth annifyr ofnadwy oedd cael rhywun yn eich brolio o flaen plant eraill. Doedd ryfedd bod Hefina'n cochi.

"Bethan, wnewch chi fod yn angel? A Gwen, mi gewch chi fod yn un o'r bugeiliaid, fel Sioned," galwodd Miss Davies wrth i bawb fynd i'w lleoedd. "Rŵan, mi ddechreuwn ni yn y dechrau . . ."

Y munud hwnnw, agorodd drws yng nghefn y festri a daeth bachgen i mewn. Trodd Miss Davies ato'n wyllt.

"Robin Morgan! Rydw i wedi dweud a dweud wrthoch chi mai am ddau o'r gloch mae'r Ysgol Sul

14

yn dechrau! Ydych chi'n meddwl y medrwch chi gerdded i mewn unrhyw amser, fel y mynnoch chi? Rydw i wedi dweud a dweud!"

Distewodd y plant i gyd. Roedd yn amlwg nad oedd ar neb arall eisiau pryd o dafod gan Miss Davies.

"Hen gnawes flin ydi hi!" sibrydodd Sioned yng nghlust Gwen ond fedrai Gwen ddim ateb. Fedrai hi ddim tynnu'i llygaid oddi ar y bachgen oedd yn gwthio rhwng y plant i sefyll yn ei le fel y trydydd o'r doethion, gan fwmial, "Sori, Miss Davies," dan ei wynt. Bachgen main oedd o, bachgen main a'i wallt yn goch fel fflamau'r tân. Ceisiodd Gwen dynnu sylw Bethan ato ond roedd ei chwaer, fel y gweddai i angel, yn edrych yn syth o'i blaen ac yn canolbwyntio ar y ddrama. A dweud y gwir, doedd ar Gwen ddim angen cadarnhad. Roedd yn berffaith sicr ei bod wedi gweld y bachgen o'r blaen, wedi'i weld yn cerdded o le cul rhwng dau dŷ yn yr un stryd â siop Gerwyn gan wthio rhywbeth i'w boced.

Syllodd a syllodd arno ac amheuon yn llenwi'i meddwl. Roedd yn berffaith bosib ei fod wedi gwisgo dillad pioden yr hen wraig er mwyn dwyn o siopau. Ond pan ddaeth ar hyd y stryd doedd ganddo ef na'i ffrindiau ddim yn eu dwylo. Tybed a oedd ganddynt le i guddio'r dillad a'r pethau eraill? Yn y lle cul rhwng dau dŷ o bosib?

"Mi fydd rhaid imi fynd i edrych y pnawn 'ma pan fyddwn ni'n cael te efo Gerwyn," meddai Gwen wrthi'i hun a gostyngodd ei llygaid yn sydyn wrth sylweddoli bod y bachgen wedi'i dal yn syllu ac wedi tynnu tafod arni.

Y munud nesaf, daeth sgrech nes bod y festri'n diasbedain a'r plant i gyd wedi'u syfrdanu.

"Robin Morgan!" sgrechiodd Miss Davies mewn llais tebyg iawn i dylluan. "Dydych chi'n cymryd dim sylw ohono i. Rydw i'n trio fy ngorau a . . ." A dechreuodd udo crio fel pe bai rhywbeth ofnadwy wedi digwydd. Edrychodd Gwen o'i chwmpas yn syn. Roedd Hefina wedi plygu'i phen yn isel ac roedd y plant eraill i gyd yn ddistaw. Ond doedden nhw ddim yn edrych fel pe baen nhw wedi dychryn rhyw lawer. Dim ond Bethan a hithau a syllai â'u cegau'n agored.

"Mae hi fel hyn yn aml," sirbydodd Sioned wrth ei hochr. "Paid â phoeni. Mi ddaw ati'i hun toc."

Ac yn wir, o dipyn i beth, tawelodd y storm. Sythodd Miss Davies ei hysgwyddau, rhwbiodd ei llygaid ac, mewn llais crynedig, gorchmynnodd i'r plant fynd yn eu blaenau. Aeth pawb trwy'i waith yn ddigon didramgwydd ac, er i ambell un fethu, wnaeth Miss Davies ddim ffrwydro eto, dim ond tynhau'i gwefusau a'u cywiro'n siarp.

Ar ddiwedd yr ymarfer, galwodd y plant ati. "Dim yn ddrwg," meddai. "Biti na fyddech chi i gyd cystal â Hefina ond byddai hynny'n ormod i'w obeithio, mae'n debyg. Mi gawn ni ymarfer arall nos Fercher. Bethan a Gwen, arhoswch ar ôl am funud, wnewch chi? Rhaid i chi gael dillad."

Teimlai Gwen yn nerfus iawn wrth aros i Miss Davies nôl y bag dillad o'i char. Ceisiodd wenu'n swil ar Hefina a arhosai am ei modryb ond y cwbl a wnaeth honno oedd plygu'i phen yn isel dros ei sgript er nad oedd arni angen ei astudio bellach. Daeth Miss Davies i mewn.

"Mae gen i ddillad sbâr yn fan'ma," meddai. "Wedi'u cael nhw gan rai o'r rhieni. Rŵan, dyma ffrog wen i chi, Bethan, a chôt i chithau, Gwen. Ac mi fedrwch chi, fel un o'r bugeiliaid, wisgo hwn dros eich pen."

Fel pyped, estynnodd Gwen i gymryd y dillad a syllodd yn syfrdan ar y gôt ddu a gwyn laes a'r sgarff du a ddaliai yn ei dwylo.

Pennod 5

Y noson honno, eisteddodd Gwen yn hir yn ei chell fach ar silen y ffenest yn troi digwyddiadau'r diwrnod yn ei meddwl. Ddiwedd y pnawn, wrth gyrraedd tŷ Gerwyn, roedd hi wedi gwneud esgus i bicio ar hyd y stryd ac wedi troi i mewn i'r lle cul rhwng dau dŷ. Roedd hi'n dechrau tywyllu erbyn hynny a doedd hi ddim wedi meddwl mynd â fflach, ond gallai weld yn ddigon clir i fod yn siŵr nad oedd dim byd o bwys yno — dim stôr o bethau wedi'u dwyn, dim bag piws a blodyn melyn arno, dim byd ond pentwr o stympiau sigarennau. Roedd hi'n amau'n gryf mai Robin Morgan oedd yr 'hen wraig' neu'r 'bioden' fel y meddyliai amdani bellach. Roedd yn amau ei fod rhywsut wedi llwyddo i roi'r dillad ym mag Miss Davies ond doedd dim y gallai'i wneud ynglŷn â'r peth. Go brin y deuai'r siwmper binc tywyll a'r pethau eraill i'r golwg fyth eto.

Ac wedyn, wedi ymuno â Bethan a Gerwyn a Lowri Mair i gael te, buan iawn y peidiodd â phoeni. Roedd hi mor gyffrous cael trafod cynlluniau'r briodas a'r hyn y bwriadai Lowri Mair a Gerwyn ei wneud â bwthyn Lisi Meri.

"Rhaid inni drio cael cyfle i fynd i weld y bwthyn fory," meddai Gwen wrthi'i hun rŵan wrth ddringo oddi ar y silen oer a brysio ar draws y llawr i'r gwely. "Ond cyn hynny, rydyn ni'n mynd i'r dre' efo'r Capten. Mae Gerwyn wedi addo cadw'r bocs inni."

Dringodd i'r gwely ac, wrth setlo'n glyd dan y blancedi, gwenodd wrth gofio'r sgwrs o gwmpas y tân wedi i Lowri Mair a Gerwyn ddod â'r merched yn ôl i Faeheli. Roedd Capten Mathews yno o hyd yn hepian yn y gadair freichiau ond pan glywodd Bethan a Gwen yn sôn wrth Nain am y bocs yr hoffent ei brynu i Mam a Dad, roedd wedi deffro drwyddo.

"Mi helpa i chi i'w brynu o," meddai'n syth. "Mi awn ni yno fory."

Ac er bod Nain wedi ceisio dweud y byddai'n well gan Mam gael arian yn anrheg gan y Capten, roedd wedi mynnu ffonio Gerwyn y munud hwnnw a gofyn iddo gadw'r bocs.

Am funud bach, wrth gofio fel y dywedodd Nain y byddai ar Mam angen arian, cafodd Gwen y teimlad oer, annifyr eto. A oedd Nain yn awgrymu y byddai Mam yn byw ar ei phen ei hun cyn hir? Ond na! Roedd awyrgylch mor hapus o gwmpas y tân a go brin y byddai Nain yn hapus pe bai hynny'n wir. Ac eto . . .

Gwthiodd Gwen yr amheuon o'r neilltu a gwnaeth ymdrech benderfynol i feddwl am rywbeth arall. Cofiodd fel y ffrwydrodd Miss Davies yn yr ymarfer y pnawn hwnnw.

"Rydw i'n lwcus," meddai wrthi'i hun. "Mae gen i Mam a Dad a Nain a Taid a'r Capten ac maen nhw i gyd yn ffrindiau efo fi. Mae Bethan hyd yn oed yn ddigon clên fel arfer. Mi fasai'n gas gen i orfod byw efo rhywun fel Miss Davies!"

Fflachiodd llun o Hefina'n plygu'n styfnig dros ei sgript ar draws ei meddwl ond, yna, closiodd at gefn cynnes ei chwaer fawr a, cyn pen dim, roedd yn cysgu'n sownd.

*　*　*

Fore trannoeth, deffrodd Gwen i glywed llais dwfn yn galw o waelod y grisiau,

"Pwy sydd am ddod i'r dre' efo fi?"

Rhoddodd bwniad i Bethan a rhuthrodd y ddwy i wisgo ac i sgrialu i lawr y grisiau. Wrth y tân yn y stafell gefn, eisteddai'r Capten yn sipian te ac yn gwenu'n glên arnynt.

"Cysgu'n hwyr?" meddai dan chwerthin. "Fasech chi'ch dwy'n dda i ddim ar y môr!"

Daeth Nain o'r gegin yn wên i gyd.

"Llyncwch damaid o frecwast," meddai, "a rhowch rywbeth cynnes amdanoch. Mi fydd hi'n oeri'n arw erbyn y pnawn."

"Gwrandewch chi ar eich Nain!" meddai Taid oedd wedi picio drwodd o'r siop i gael paned efo'r Capten. "Hi ydi'r orau yn y byd am ddarogan tywydd!"

Roedd awyrgylch gynnes, braf — pawb yn pryfocio'i gilydd yn hapus. Ond doedd ar y merched ddim awydd oedi. Roedden nhw ar bigau'r drain eisiau mynd i siop Gerwyn i brynu'r bocs i Mam a Dad.

Erbyn iddynt gyrraedd a pharcio'r car ar y stryd wrth y siop, roedd hi'n ganol y bore a llawer o bobl o gwmpas. Bu'n rhaid iddynt aros eu tro i gael gair â Gerwyn ac, wrth gwrs, edrychodd Gwen o gwmpas am y bocs bach cerfiedig. Ni allai ei weld yn unman.

"Mae'n rhaid bod Gerwyn wedi'i roi o o'r neilltu gan ei fod o wedi'i addo i ni,"meddai wrthi'i hun.

Ond pan ddaeth Gerwyn atynt o'r diwedd, roedd golwg bryderus ar ei wyneb.

"Mae'r bocs wedi diflannu," meddai. "Roedd o yma'r bore 'ma, wrth y drws yn fan'cw. Rôn i wedi meddwl ei symud o o'r neilltu ond rydw i wedi bod yn rhy brysur. A phan edrychais i ychydig funudau'n ôl, roedd o wedi mynd. Fedra i ddim deall y peth. Doedd o ddim yn werthfawr o'i gymharu â rhai o'r pethau eraill sydd yma."

Ond roedd yn werthfawr i'r merched. Ac er i'r Capten gynnig prynu rhywbeth arall o'r siop yn anrheg i Mam a Dad, fedrai'r un o'r ddwy guddio'i siom.

"Mi wn i beth wnawn ni," meddai'r Capten o'r diwedd. "Mi'ch helpa i chi i wneud bocs arall."

Cododd Bethan ei chalon yn syth. "Mi fasai hynny'n plesio Mam a Dad yn well na dim," cytunodd wrth droi'n hapus i adael y siop. Wnaeth Gwen ddim dilyn yn syth. Roedd yn rhaid iddi ofyn rhywbeth i Gerwyn.

"Oes 'na fachgen wedi bod yn y siop y bore 'ma?" holodd. "Bachgen main efo gwallt fflamgoch?"

"Nac oes," chwarddodd Gerwyn. "Paid â phoeni, Gwen fach. Rydyn ni, siopwyr, yn arfer colli pethau amser y Nadolig, gwaetha'r modd. Diolch na chollais i ddim byd mwy gwerthfawr."

Serch hynny, fedrai Gwen ddim peidio ag edrych i lawr y stryd wrth ddod o'r siop. Doedd dim golwg o na 'phioden' na Robin Morgan.

"Does gen i ddim gobaith profi dim, mae'n debyg," meddai wrthi'i hun yn drist. Ac yna, wrth weld Hefina a'i modryb yn mynd i'w car oedd wedi'i barcio ar y stryd, cododd ei chalon. Waeth imi heb â bod â'm pen yn fy mhlu, meddyliodd. O leiaf, mae gen i deulu hapus.

Pennod 6

"O mae hi'n ddigon o ryfeddod!"

Safodd Gwen yn ôl i edmygu'r goeden dal a safai yng nghanol cyntedd mawr Gorwel. I leddfu'u siom o fethu cael y bocs, roedd y Capten wedi mynd â'r merched i farchnad Abergwynant ac wedi prynu'r goeden dalaf ar y stondin. Roedden nhw wedi cael prynu addurniadau hefyd a set o oleuadau ac, rŵan, wedi i'r tri dreulio awr ddifyr yn gosod y trimins roedd y Capten wedi pwyso'r swits i oleuo'r goeden. Ac roedd hi'n werth ei gweld, ei changhennau llydan yn llwythog o beli aur ac arian, o deganau coch a gwyrdd ac o oleuadau amryliw.

"Fu 'na ddim coeden Nadolig yn y tŷ yma ers blynyddoedd ar flynyddoedd. Dod i'ch 'nabod chi'ch dwy oedd y peth gorau ddigwyddodd i mi erioed," meddai'r Capten ac, wrth glywed y cryndod yn ei lais, trodd Gwen i edrych yn syn arno. Roedd yr hen ŵr yn gwenu'n dyner ar y merched ond roedd glesni'i lygaid yn sgleinio'n loyw.

"Roedd o'n unig iawn cyn i ni ddod yma yn ystod yr haf," meddai Gwen wrthi'i hun. "Mae'n rhyfedd meddwl bod ganddo'r enw o gasáu plant cyn hynny."

Ond y munud nesaf, roedd yr hen ŵr wedi

carthu'i wddf ac wedi amneidio ar y merched i'w ddilyn i'r gegin.

"Rydw i'n cadw fy offer gwaith coed yn fan'ma dros y gaeaf," meddai. "Peidiwch â dweud wrth eich Nain, cofiwch!"

Chwarddodd Bethan a Gwen o weld y llanast oedd yn y gegin — mainc weithio a darnau o bren a phob math o gelfi. Roedd yn amlwg bod y Capten yn mwynhau byw ar ei ben ei hun a neb i ddweud wrtho am dacluso.

"Rŵan, rhaid inni ddewis darn o bren i wneud bocs i'ch mam a'ch tad. Er, efallai mai *llai* o geriach fydd ar eich mam ei angen cyn hir . . ."

Brathodd yr hen ŵr ei wefus fel pe bai wedi dweud gormod a phlygodd ei ben dros y darnau pren. Syllodd Gwen arno a'i chalon yn curo'n gyflym. Beth oedd yn bod ar bawb? Cofiodd fel y soniodd Nain neithiwr y byddai ar Mam angen pres ac, rŵan, dyma'r Capten yn dweud y byddai arni angen llai o bethau. Oedd hi'n dychmygu ynteu oedd yr oedolion yn cadw cyfrinach? Teimlodd ddüwch mawr yn cau amdani fel pe bai goleuadau'r Nadolig wedi diffodd i gyd. O, gobeithio bod Mam a Dad yn ffrindiau go iawn ac nid yn smalio er mwyn ei thwyllo hi a Bethan.

Edrychodd ar draws y gegin at lle'r oedd Bethan yn hapus yn helpu'r Capten i godi darn o bren ar y fainc. Roedd yn amlwg nad oedd dim yn poeni'i chwaer fawr.

"Fi sy'n hel meddyliau'n wirion," meddai Gwen wrthi'i hun yn benderfynol. "Mi boenais i'n ofnadwy

yn ystod yr haf a hynny heb reswm. Rhaid imi beidio
â meddwl am y peth rŵan."

Aeth y pnawn heibio'n gyflym ac yn ddifyr.
Cafodd y merched fodd i fyw yn gwylio dwylo
garw'r Capten yn gweithio ar y pren ac yn gwrando
ar ei lais cadarn yn adrodd hanesion am ei amser ar y
môr. Prin y medrent gredu pan ddywedodd yr hen
ŵr yn sydyn,

"Mae hi wedi pedwar, genod bach. Well i chi fynd
adre' rhag i'ch Nain boeni."

Cychwynnodd y ddwy i lawr y ffordd a arweiniai
o'r tŷ ar y clogwyn i bentref Baeheli. Roedd hi'n
tywyllu erbyn hyn, yn noson glir oer fel yr addawodd
Nain. Ymhell oddi tanynt, tarawai'r môr tywyll yn
gyson yn erbyn y creigiau du ac, o'u blaenau, roedd
goleuadau tai Baeheli'n sgleinio fel sêr ar y llawr.

Pan droesant i mewn i'r stryd, gwelsant bod dau
neu dri o fechgyn yn sefyllian wrth ddrws y siop ac,
wrth nesáu, sylweddolodd Gwen bod Robin Morgan
yn eu plith.

"Ys gwn i fedra i ofyn a fu o yn Abergwynant y
bore 'ma?" meddai wrthi'i hun. "Mae'n ddigon posib
mai fo aeth â'r bocs o siop Gerwyn."

Ond cyn iddi gael cyfle i agor ei cheg, camodd
Robin oddi wrth y drws a safodd yn union o'i blaen.

"Wyt ti'n fy ffansïo fi neu rywbeth?" holodd.
"Ylwch, hogiau, mae hon yn syllu arna i eto. Fy
ngweld i'n beth del wyt ti?"

Teimlodd Gwen ei hun yn gwrido at ei chlustiau.
Fedrai hi feddwl am ddim i'w ddweud a fedrai hi
wneud dim ond gwthio heibio i'r bechgyn a phlymio

i ddiogelwch y siop. Clywodd Robin a'i ffrindiau y tu ôl iddi yn chwerthin yn uchel a throdd i weld bod Bethan wedi'i dilyn i mewn ac yn edrych yn rhyfedd arni.

"Dwyt ti erioed yn ffansïo hwnna?" sibrydodd ei chwaer fawr yn wawdlyd.

"Nac ydw siŵr!" Bron nad oedd Gwen wedi gwylltio gormod i siarad. "Welais i ddim byd hyllach erioed — mae'i wallt o 'run lliw yn union â sôs coch! O na! Dydw i ddim yn ei ffansïo fo ond *mae* gen i ddiddordeb ynddo fo. Rydw i'n amau'n gryf bod Robin Morgan yn lleidr!"

Pennod 7

"Bethan, wnei di wrando arna i?"

Eisteddodd Gwen i fyny yn y gwely mawr gan godi'r blancedi trwchus at ei gên. Cipiodd Bethan y blancedi'n ôl yn flin a'u tynnu am ei hysgwydd cyn troi ar ei hochr unwaith eto i ddarllen ei llyfr.

"Bethan, rydw i'n *siŵr* mai fo ydi'r lleidr. Roedd o ar y stryd lle diflannodd y bioden — yr 'hen wraig' welson ni — ddydd Sadwrn ac mae'n ddigon posib ei fod o wedi bod yn siop Gerwyn y bore 'ma er na sylwodd Gerwyn ddim arno fo. Roedd hi'n brysur ofnadwy yno. Ac wedyn, roedd o'n hwyr yn dod i'r Ysgol Sul. Mi gafodd ddigon o gyfle i wthio'r gôt ddu a gwyn a'r sgarff du i'r bag dillad yng nghar Miss Davies. Bethan, wyt ti'n gwrando?"

Gollyngodd Bethan ei llyfr i'r llawr yn ddiamynedd. "Beth sy'n bod arnat ti, Gwen? Fedra i ddim darllen a thithau'n clebran cymaint. Gwranda, hen wraig welson ni yntê? Nid bachgen tair ar ddeg oed."

"Ond . . ."

"Hen wraig dlawd yn gorfod dwyn er mwyn ei dilladu'i hun a'i theulu." Roedd yr olwg

27

freuddwydiol ar wyneb Bethan eto. "Efallai y dylen ni fynd ar hyd y stryd yn holi amdani hi. Efallai y medren ni'i helpu hi. Ond anghofia am Robin Morgan, Gwen. Os nad wyt ti'n ei ffansïo fo, wedi'r cwbl!"

Cododd Bethan ei llyfr eto a'i throi'i hun yn belen fach amdano. Ochneidiodd Gwen. Roedd wedi cymryd cip ar y llyfr wrth ddod i'r gwely a gwyddai bod ei chwaer yng nghanol stori am ferch dlawd yn syrthio mewn cariad.

"Tasai hi wrthi'n darllen llyfr ditectif, mi fasai pethau'n wahanol," meddai wrthi'i hun. "Mi fasai ar dân eisiau fy helpu i ddal y lleidr wedyn!"

Ceisiodd setlo i gysgu ac, wrth i'w meddwl grwydro yma ac acw, cofiodd mor flinedig y swniodd Mam ar y ffôn. Gobeithio, o gobeithio bod popeth yn iawn, meddyliodd. Ac yna, wrth gofio fel yr addawodd Mam y byddai hi a Dad yn cyrraedd mewn da bryd ar gyfer perfformiad yr Ysgol Sul, ymlaciodd a suddodd yn ddyfnach i'r clustogau. Mi fydd hi'n braf eu cael nhw yma dros y Nadolig, meddyliodd yn gysglyd.

*　*　*

Fore trannoeth, galwodd Nain ar y merched yn gynnar.

"Wnewch chi gadw llygad ar y siop imi am hanner awr?" meddai. "Mae Taid a minnau eisiau cael trefn ar y stoc a llenwi'r silffoedd. Mae Sioned wedi ffonio i ofyn ewch chi draw ganol y bore."

Roedd y ddwy chwaer wrth eu boddau'n helpu er bod Bethan yn cael trafferth i gadw'i llygaid yn agored. Roedd wedi bod yn darllen yn hwyr y noson cynt ac wedi gorffen ei llyfr o'r diwedd. Doedd dim bw na be' i'w gael ganddi'r bore 'ma a safai y tu ôl i'r cownter a golwg freuddwydiol wirion ar ei hwyneb.

"Mae'n rhaid bod y ferch dlawd wedi priodi'i chariad ar ddiwedd y stori," meddai Gwen wrthi'i hun. "Tybed fedra i awgrymu bod Bethan yn darllen llyfr ditectif nesa'?"

Y munud hwnnw, canodd cloch y siop a daeth Miss Davies drwy'r drws a Hefina wrth ei sodlau.

"Bore da, ferched," meddai Miss Davies yn ddigon clên. "Torth, os gwelwch yn dda a . . . O diar! Rôn i eisiau rhywbeth arall hefyd."

Safodd yn stond a'i llaw ar ei thalcen ac roedd Gwen bron yn siŵr bod y llaw'n crynu. Erbyn sylwi, roedd golwg ryfedd iawn ar Miss Davies. Roedd ei gwefusau'n crynu hefyd ac roedd golwg bell yn ei llygaid.

"Y. . . y . . . O diar! Beth rôn i'i eisiau?" meddai eto.

"Menyn, Anti." Daeth llais Hefina a throdd Gwen i edrych ar y ferch. Beth oedd yn bod arni? Roedd hi'n goch, goch ac roedd ei gwefusau hithau'n crynu fel pe bai ar grio. Er gwaethaf rhybudd Sioned, allai Gwen ddim llai na thosturio wrthi. Go brin bod byw efo dynes fel Miss Davies yn fawr o hwyl. Estynnodd y dorth a'r menyn ac, wrth eu rhoi ar y cownter, cafodd syniad.

"Hefina," meddai cyn rhoi cyfle iddi'i hun ailfeddwl. "Mae Bethan a minnau'n mynd draw i dŷ

Sioned wedyn. Pam na ddoi di efo ni?"

"Y . . . dim diolch."

Gwridodd Hefina a throdd i edrych ar y nwyddau oedd ar stondin fawr yng nghanol y siop. Yr un pryd, canodd y gloch a daeth twr o bobl i mewn ar unwaith. Bu'r merched yn brysur iawn wedyn a chafodd Gwen ddim cyfle i siarad eto â Hefina. Sylwodd ei bod hi a'i modryb wedi loetran yn hir cyn mynd allan — Miss Davies yn cofio'n sydyn am fwy o bethau roedd arni'i hangen ac yn ffwndro ac ailfeddwl weithiau a gosod pethau'n ôl ar y silffoedd, cyn talu i Bethan a ffarwelio.

Ymhen dipyn, distewodd pethau a daeth Nain trwodd o'r cefn.

"Pwy fu yma?" holodd ac, wedi clywed am Miss Davies, ysgydwodd ei phen yn drist. "Mae hi'n gwsmer da i mi," meddai, "ond mae hi wedi mynd yn anghofus yn ddiweddar. Mae gen i biti dros yr hogan fach 'na. Rŵan, well i chi'ch dwy fynd am dŷ Sioned. Mi fydd Taid a minnau'n iawn rŵan."

Gwisgodd y merched gotiau cynnes amdanynt. Wrth iddynt gamu drwy'r drws i'r stryd, brathodd y gwynt main eu croen ond, er hynny, gwyddai Gwen ei bod yn gwrido'n boeth. Yn pwyso yn erbyn y wal wrth y drws, roedd Robin Morgan a'i ffrindiau.

"Haia pisyn!" meddai hwnnw wrth iddi fynd heibio a gwelodd Gwen bod ei chwaer fawr yn edrych yn fyfyriol arni.

"Dydw i *ddim* yn ei ffansïo fo," meddai wrthi'i hun wrth frysio i lawr y stryd. "O, mi rown i unrhyw beth yn y byd am fedru profi'i fod o'n lleidr!"

Pennod 8

Gwthiodd Gwen ei dwylo'n ddyfnach i'w phocedi. Ew! Roedd hi'n oer. Wrth iddi hi a Bethan gerdded i lawr y stryd o dŷ Sioned, chwythai gwynt rhewllyd y môr yn syth i'w hwynebau gan wneud i'w llygaid losgi a'u clustiau ganu. Edrychai'r awyr yn llwyd ac yn drwm, fel pe bai'n llwythog o rywbeth. Efallai y cawn ni Nadolig gwyn wedi'r cwbl, meddyliodd Gwen wrth estyn ei dwylo o'i phocedi am eiliad i wthio'i gwallt hir yn ôl o'i hwyneb. Mi fydd hi'n braf cael cyrraedd y siop i gynhesu, a'r pnawn 'ma mi gawn ni swatio yng ngegin Gorwel i wylio'r Capten yn gweithio ar y bocs.

Aethai'r bore heibio'n ddigon difyr yn nhŷ Sioned — y tair yn gorweddian yn y llofft, yn gwrando ar recordiau ac yn sgwrsio'n swil i ddechrau ond yn fwy hyderus wrth iddynt arfer efo'i gilydd. Gwenodd Gwen rwan wrth gofio'r stumiau doniol a dynnodd Sioned pan grybwyllodd iddi wahodd Hefina i ddod draw.

"Diolch byth ei bod hi wedi gwrthod," oedd sylw eu ffrind. "Er, a dweud y gwir, doedd dim peryg iddi dderbyn. Mae hi'n ormod o drwyn i dreulio amser efo ni. Mae hi'n hapus efo'i modryb." A gwnaeth geg mor gam nes i Gwen bryderu am funud ei bod am ei throi'i hun tu chwithig allan.

"Dydw i ddim yn siŵr ydi Sioned yn iawn 'chwaith," meddai wrthi'i hun wrth brysuro at ddrws y siop. "Dydi Hefina ddim yn edrych yn hapus iawn i mi. Y tro nesa y gwela i hi, mi dria i fod yn glên."

Dyna braf oedd camu o oerni'r stryd i gynhesrwydd y siop. Roedd Nain wrthi'n tacluso ar ôl bore arbennig o brysur.

"Mae Taid yn hwylio cinio," meddai pan welodd y merched. "Ewch chi'ch dwy trwodd. Fydda i ddim dau funud."

Yn y gegin, roedd Taid yn brysur yn twymo tunaid o ffa coch ac aeth Bethan a Gwen ati i wneud tost.

"Welais i erioed gymaint o bobl yn y siop o'r blaen," meddai Taid wrth osod y tost ar blatiau a thollti'r ffa drostynt. "Chafodd Nain ddim eiliad sbâr i baratoi cinio."

Eisteddodd y tri wrth y bwrdd ac, ymhen hir a hwyr, ymunodd Nain â nhw. Roedd golwg braidd yn bryderus arni.

"Wnest ti werthu pwrs bach glas y bore 'ma, Dafydd?" gofynnodd i Taid.

Chwarddodd yntau. "Mi werthais i ddegau o bethau," meddai, "ond na, dydw i ddim yn credu imi werthu pwrs bach glas. Pam?"

Cymerodd Nain lond ceg o dost a ffa a'u cnoi'n araf.

"Dydi o ddim yn bwysig iawn," meddai o'r diwedd. "Ond mae o'n beth od. Mi faswn i'n taeru 'mod i wedi'i roi o ar y stondin yng nghanol y siop y bore 'ma a rŵan does dim golwg ohono fo. Ond does dim angen poeni. Doedd o ddim yn werthfawr o bell ffordd."

Rhoddodd Gwen anferth o gic i'w chwaer a throdd i holi Nain a Taid gan gadw'i llais mor ddiniwed ag y medrai.

"Fu Robin Morgan — y bachgen efo gwallt coch, coch — yn y siop y bore 'ma? Mi welais i o'r tu allan."

"Do, mi fu Robin a'i ffrindiau i mewn." Chwarddodd Taid eto. "Dipyn o gymeriad ydi Robin. Dwyt ti erioed yn meddwl y basai *fo'n* cymryd pwrs bach glas. Beth fasai fo'n ei wneud efo peth felly?"

"Ei roi o i'w gariad, efallai," meddai Bethan gan wenu'n ddel a rhoi cic egr i Gwen yr un pryd. Ac yna, wrth weld golwg mor ddifrifol ar wyneb ei chwaer fach, cododd oddi wrth y bwrdd ac amneidiodd ar Gwen i'w dilyn i fyny'r grisiau.

"Wyt ti *wir* yn meddwl ei fod o'n lleidr?" meddai wedi i'r ddwy ddiolch i Taid am y bwyd a gadael yr ystafell.

"Ydw," atebodd Gwen yn bendant. "Roedd o yn Abergwynant ddydd Sadwrn ac roedd o yma heddiw. Pwy arall fedr fod wedi dwyn y pwrs y bore 'ma? Mae Nain a Taid yn 'nabod pawb sy'n dod i'r siop."

"Mm. Rhaid inni'i ddal o felly." Edrychai Bethan yn ddwys a myfyriol ac ochneidiodd Gwen wrthi'i hun. Mae hon wedi penderfynu creu stori dditectif yn ei phen, meddyliodd. Ond waeth imi fanteisio ar hynny ddim. Trodd at ei chwaer.

"Rhaid. Rwyt ti'n iawn. Fedr Nain a Taid ddim fforddio colli pethau er eu bod nhw'n smalio nad ydyn nhw'n poeni. A fedr Gerwyn ddim fforddio colled 'chwaith neu fydd o a Lowri Mair ddim yn medru talu am y briodas."

Roedd hi'n gwybod y byddai hynny'n ddigon i danio dychymyg Bethan a hithau wedi rhoi'i bryd ar fod yn forwyn briodas. Wedi cyrraedd y llofft, eisteddodd y ddwy ar y gwely i gynllunio. Ond, er meddwl a meddwl, yr unig gynllun a gynigiai'i hun oedd aros yn y siop drwy'r pnawn a chadw llygaid barcud ar Robin Morgan.

Roedd Nain a Taid yn methu â deall pam roedd y merched wedi gohirio mynd i Gorwel at y Capten tan ar ôl i'r siop gau. Ond, a dweud y gwir, roedden nhw'n ddigon balch o gael help yn y siop gan ei bod yn dal yn brysur ryfeddol. Daeth tyrrau o bobl i mewn — Hefina a'i modryb yn eu plith gan fod Miss Davies wedi cofio am rywbeth arall roedd arni'i angen. Pan gafodd eiliad rydd, manteisiodd Gwen ar y cyfle i fynd at Hefina.

"Mi gawson ni amser da yn nhŷ Sioned," meddai'n glên. "Mi ddylet ti fod wedi dod. Pam na ddoi di yma at Bethan a finnau heno?"

"Wel . . ."

Dechreuodd Hefina ateb ond roedd ei modryb wedi gorffen siopa. "Tyrd, Hefina," meddai'n siarp gan gychwyn am y drws. "Rhaid iti ymarfer canu'r piano ac rydw i am iti fy helpu i i goginio wedyn."

Rhoddodd Gwen un cynnig arall arni. "Efallai y byddwn ni'n mynd i'r dre' fory i brynu anrhegion," meddai'n frysiog. "Wyt ti eisiau dod efo ni? I wario dy bres poced?"

"Y . . . na . . . y . . . fydda i ddim yn cael pres poced," mwmialodd Hefina gan wrido a rhuthro ar ôl ei modryb.

"Druan ohoni!" meddai Gwen wrthi'i hun, ond chafodd hi ddim amser i bendroni am y peth. Agorodd y drws a daeth Robin Morgan a'i ffrindiau i mewn.

Gwyliodd Bethan a Gwen y bachgen gwallt coch fel cathod yn gwylio llygoden. Thynnon nhw mo'u llygaid oddi arno fo a bu'n rhaid i Bethan, yn ogystal â Gwen, ddioddef tynnu coes creulon am eu bod yn syllu.

Ond roedd y siop yn llawn pobl ac roedd hi'n anodd cadw llygad yn iawn. Galwodd Nain ar Bethan i estyn rhywbeth i gwsmer ac, yr un pryd, gofynnodd i Gwen nôl rhywbeth o'r cefn. Fu Gwen ddim allan mwy na phum eiliad. Roedd hi'n siŵr na chafodd Robin amser i ddwyn dim.

Ac eto, ddiwedd y pnawn, pan aeth Nain ati i dacluso, roedd dau beth arall wedi diflannu o'r siop — persawr mewn potel binc a hances lês.

35

Pennod 9

Fedrai Gwen ddim yn ei byw â deall y peth. Pwysodd ei thalcen yn erbyn ffenest oer y bws a syllodd allan dros y wlad ddi-liw. Roedd hi wedi meddwl a meddwl, wedi troi'r peth yn ôl ac ymlaen yn ei phen am oriau ond fedrai hi wneud dim synnwyr ohono. Bnawn ddoe, ar ôl cau'r siop, pan oedd hi a Bethan wedi rhuthro i fyny i Gorwel i weld y Capten yn gweithio ar y bocs, doedd hi wedi cymryd fawr o ran yn y sgwrs. Roedd wedi eistedd yn y gegin yn syllu ar y pren llyfn yn nwylo'r hen ŵr a'i meddwl yn llawn o gwestiynau. Yn ei gwely wedyn, ar ôl i'w chwaer syrthio i gysgu, roedd wedi pendroni nes ei bod yn teimlo fel pe bai ar ddrysu. A'r bore 'ma, a'r ddwy ar eu ffordd i'r dref i siopa unwaith eto, roedd y peth yn dal i gorddi yn ei meddwl. Sut ar y ddaear roedd Robin Morgan wedi llwyddo i ddwyn potel bersawr binc a hances lês yn y pum eiliad y bu hi'n nôl rhywbeth o'r cefn i Nain?

Roedd hi'n berffaith sicr mai Robin oedd y lleidr. Roedd popeth yn ffitio mor daclus — y ffaith iddi'i weld mor fuan ar ôl i'r 'bioden' ddiflannu; y ffordd yr ymddangosodd y gôt ddu a gwyn a'r sgarff du ym mag Miss Davies a hwnnw wedi'i adael yn y car pan oedd Robin yn hwyr i'r Ysgol Sul; y ffaith i Robin fod yn siop Nain a Taid ddwywaith pan oedd pethau wedi'u dwyn.

"Rydw i'n berffaith, berffaith siŵr," meddai wrthi'i hun rŵan, "ond yr unig ffordd i brofi'r peth ydi'i ddal o wrthi'n dwyn. Mae rhaid imi er mwyn Nain a Taid."

Doedd Nain a Taid ddim wedi sôn llawer am y dwyn ond gwyddai Gwen eu bod yn poeni. Roedden nhw'n adnabod eu cwsmeriaid i gyd a doedd hi ddim yn braf meddwl bod lleidr yn eu mysg. Roedd rhywbeth arall yn poeni Nain hefyd ac, wrth feddwl am hynny, cafodd Gwen yr hen deimlad oer, annifyr eto. Y noson cynt, wrth ddringo'r grisiau i'w gwely, roedd wedi clywed Nain a Taid yn sgwrsio'n isel yn y gegin. Trafod Mam roedden nhw.

"Rydw i'n poeni amdani hi, Dafydd," meddai Nain. "Gobeithio y bydd hi'n iawn."

O, beth oedd ar droed? Fedrai Gwen ddim dioddef meddwl am y peth. Pe bai'n onest â hi'i hun, byddai'n rhaid iddi gyfaddef mai dyna pam roedd hi'n canolbwyntio mor brysur ar broblem y lleidr — er mwyn cadw'r ofn arall o'i meddwl.

Safodd y bws yng nghanol Abergwynant a threuliodd y merched ddwyawr ddifyr yn crwydro'r siopau. Roedd awyrgylch hyfryd yno, pawb yn brysio o gwmpas, yn llwythog o barseli ac yn cyfarch ei gilydd yn glên. Gofalodd Gwen gadw llygad rhag ofn iddi weld y 'bioden' ond welodd y merched neb roedden nhw'n ei adnabod nes iddynt droi i stryd siop Gerwyn. Yno, yn pwyso yn erbyn car a golwg ddiamynedd ar ei hwyneb, roedd Hefina Davies. Mentrodd Gwen oedi i sgwrsio.

"Mi ddoist ti i'r dre' wedi'r cwbl felly? Brynaist ti rywbeth difyr?"

"Y . . . na. Dydw i ddim yn cael pres poced a dydi Anti ddim yn credu mewn gwario ar anrhegion a phethau felly. Wyt ti wedi prynu llawer?"

Swniai Hefina'n gleniach y bore 'ma a gwenodd Gwen arni.

"Do, dipyn," atebodd gan addunedu ar yr un pryd y byddai'n prynu anrheg Nadolig i Hefina cyn mynd adre'. "Hoffet ti ddod i gael paned mewn caffi?" holodd wedyn.

"Na, dim diolch." Roedd yn amlwg bod y ferch swil yn teimlo'n annifyr. "Rhaid imi aros wrth y car nes daw Anti. Diolch am gynnig."

Bu distawrwydd am funud wrth i Gwen chwilio'i phen am rywbeth arall i'w ddweud. Yna, gwelodd bod Bethan yn galw arni o ddrws Creiriau Gerwyn a chan ei hymesgusodi'i hun, dilynodd ei chwaer i'r siop.

"Oes rhywbeth arall wedi'i ddwyn?" gofynnodd i Gerwyn yn syth. Ysgydwodd yntau'i ben.

"Nac oes, diolch byth," atebodd. "Taswn i'n colli rhywbeth bob dydd mi fasai'n rhaid imi ohirio'r briodas. A wnaethai hynny mo'r tro."

Roedd yn rhaid i'r merched gytuno. A dweud y gwir, teimlai'r ddwy ei bod yn hen bryd i Lowri Mair a Gerwyn ofyn iddynt fod yn forynion. Roedden nhw'n sôn byth a hefyd am y briodas ond doedd yr un o'r ddau wedi crybwyll hynny.

Ond doedd gan Gerwyn ddim llawer o amser i siarad y bore 'ma a'r siop unwaith eto'n llawn o brysurdeb y Nadolig. Wrth adael y siop, gwelodd Gwen bod Hefina'n dal i sefyll wrth gar ei modryb a chododd ei llaw arni cyn troi ar hyd y stryd yn hytrach nag yn ôl am ganol y dref.

"Mae'n gyfle i gael gweld y lle cul rhwng dau dŷ yng ngolau dydd," eglurodd wrth Bethan a wnaeth ei chwaer fawr ddim grwgnach wrth ei dilyn. Roedd Bethan, hefyd, erbyn hyn yn hoffi'r syniad o ddal y lleidr er na phoenai gymaint â Gwen am y peth.

Ond pan ddaethant at y lle cul ac edrych o'u cwmpas yn fanwl, doedd dim i'w weld. Ar wahân i sbwriel a stympiau sigarennau, roedd y lle'n hollol foel.

Pennod 10

Y peth cyntaf a holodd y merched wedi cyrraedd yn ôl i'r dref amser cinio oedd a oedd rhywbeth arall wedi'i ddwyn o siop Nain a Taid. Ond roedd popeth yn ei le, er i Robin Morgan a'i ffrindiau fod i mewn ddwywaith neu dair yn prynu fferins, fel y dywedodd Taid â gwên ar ei wyneb.

"Gobeithio'ch gweld chi'ch dwy roedden nhw, rydw i'n siŵr," ychwanegodd dan chwerthin ac roedd Bethan a Gwen yn falch o gael dianc i Gorwel yn syth ar ôl cinio.

Aeth y pnawn heibio'n sydyn — y Capten erbyn hyn bron â gorffen ei waith ar y bocs ac yn falch o'r cyfle i sgwrsio am Nadoligau hapus yn Gorwel pan oedd yn blentyn. Cyn pen dim, roedd hi'n dechrau tywyllu ac yn amser i'r merched hel eu pethau i fynd am yr ymarfer yn y festri.

Cyraeddasant yr un pryd yn union â Miss Davies a Hefina. Gwenodd Hefina wrth eu gweld a safodd Bethan a Gwen i gadw cwmni iddi tra bod ei modryb yn cloi'i char.

"Mi fydda i'n cloi bob amser," eglurodd Miss Davies yn ddigon clên er bod ei gwefusau'n un llinell dynn o hyd. Am funud, wnaeth Gwen ddim sylweddoli beth roedd wedi'i glywed ond yna, yn sydyn, teimlodd fel pe bai wedi cael cic yn ei stumog.

"Bob amser, Miss Davies?" holodd yn syn. "Hyd yn oed ar bnawn Sul?"

"O, bydda. Fydda i byth yn gadael y car heb ei gloi. Wyddoch chi ddim pwy sydd o gwmpas."

A cherddodd yn dalsyth i mewn i'r festri a Hefina a Bethan yn dynn ar ei sodlau. Safodd Gwen ar y pafin a'i cheg yn agored.

"Os oedd y car wedi'i gloi, fedrai Robin Morgan ddim bod wedi rhoi'r gôt a'r sgarff yn y bag dillad," meddai wrthi'i hun mewn penbleth. "Ond *roedd* y dillad yn y bag. O, dydw i ddim yn deall!"

Prysurodd i mewn i'r festri. Roedd Miss Davies eisoes wedi galw'r plant i'w lleoedd ac roedd Hefina'n sefyll yng nghanol y sedd fawr yn gwrido unwaith eto wrth wrando ar ei modryb yn ei chanmol.

"Gobeithio y gwnewch chi i gyd geisio gwneud cystal â Hefina y tro yma. Mae hi'n siarad yn glir ac yn uchel bob amser. Mae'n bleser gwrando arni hi."

Hefina druan! Chymerai Gwen mo'r byd am orfod sefyll fel delw a phawb yn edrych arni ac yn ei dirmygu am fod yn hogan fach dda. Doedd ryfedd yn y byd bod Hefina'n gwrido cymaint. Roedd ei hwyneb bron yr un lliw â'i siwmper binc tywyll. Siwmper binc tywyll! Daliodd Gwen ei gwynt a chraffodd yn agosach ar y siwmper. Oedd, roedd hi'n un feddal, drwchus, yn debyg iawn, iawn i'r un a wthiodd y 'bioden' i'w bag piws a melyn yn y siop yn Abergwynant. Teimlai Gwen ei phen yn troi. Doedd

41

bosib mai *Hefina* oedd y 'bioden'? Doedd bosib mai *hi* oedd wedi rhoi'r gôt ddu a gwyn a'r sgarff du ym mag dillad ei modryb? Fedrai Gwen ddim credu'r peth. Ac eto . . . Cofiodd fel y dywedodd Hefina nad oedd yn cael pres poced.

"Efallai nad ydi hi byth yn cael prynu dim a bod hynny wedi'i themtio i ddwyn," meddai wrthi'i hun. "Tybed a . . ."

"Gwen Morris!"

Torrodd llais sgrechlyd Miss Davies ar draws ei meddyliau.

"Dydych chi ddim yn gwrando! Sawl gwaith mae'n rhaid imi ddweud? Does 'run ohonoch chi'n gwrando arna i! Dim ond Hefina. Pam na fedrwch chi fod yn debyg iddi hi? Rydw i'n gweithio mor galed, yn dweud ac yn dweud wrthoch chi, ond dydych chi ddim yn gwrando."

Aeth y llais ymlaen ac ymlaen, yn codi'n uwch ac yn uwch. Roedd llygaid Miss Davies yn fawr ac yn wyllt a rhywbeth tebyg iawn i ewyn yn llifo o gornel ei cheg. Roedd ei chroen yn biws a gwythïen yn curo i mewn ac allan ar ei thalcen.

Ac yna, yn sydyn, llonyddodd y storm. Sythodd Miss Davies ei hysgwyddau, llyncodd ei phoer ac, mewn llais tynn, distaw, gorchmynnodd i'r plant fynd ymlaen. Aeth pawb trwy'i waith yn ddistaw, y cwbl — hyd yn oed Robin Morgan — wedi sobri.

"Roedd hi'n waeth nag arfer heddiw," sibrydodd Sioned ar ddiwedd yr ymarfer.

Cerddodd Gwen i lawr y stryd gyda'r plant eraill. Roedd pawb yn gweiddi ac yn chwerthin, yn cael blas ar ryddid ar ôl yr hanner awr ddiflas yn y festri. Ond wnaeth Gwen ddim ymuno yn yr hwyl. Roedd gormod o bethau'n corddi yn ei meddwl.

"Os mai Hefina ydi'r lleidr, beth fedra i 'i wneud?" gofynnodd iddi'i hun. "Rydw i'n siŵr ei bod hi'n cael bywyd ofnadwy efo'r hen ddynes 'na ac, os dyweda i 'i bod hi'n dwyn, mi fydd ei modryb o'i cho' efo hi. Ond wedyn, os gwna i gadw'n ddistaw, efallai y gwneith hi ddal ati i gymryd pethau ac mi fydd Nain a Taid ar eu colled. O, beth wna i?"

Heb sylweddoli, roedd Gwen wedi arafu'i cherddediad ac roedd Bethan a Sioned a'r lleill wedi'i gadael ar ôl. Yn sydyn, cafodd bwniad yn ei chefn a throdd i weld bod Robin Morgan y tu ôl iddi.

"Aros amdana i wyt ti, blodyn?" holodd gan wincio. "Sori, ond rydw i'n brysur heno. Mae'n braf cael ffan hefyd. Rhaid imi brynu anrheg Nadolig iti. Beth hoffet ti'i gael? Persawr efallai, neu hances fach lês?"

A diflannodd i'r tywyllwch gan adael ei chwerthin haerllug i gymysgu â'r gwynt.

Pennod 11

Am unwaith, chafodd Gwen ddim trafferth i berswadio'i chwaer fawr i wrando arni. Roedd y syniad y gallai Hefina, y ferch fach dda, fod yn lleidr wedi tanio dychymyg Bethan, a'r noson honno bu'r ddwy chwaer yn trafod a thrafod am oriau yng nghlydwch y gwely mawr.

"Mae'n rhaid mai hi ydi'r lleidr," meddai Bethan yn eiddgar. "Rydyn ni wedi'i gweld hi ar y stryd wrth ymyl siop Gerwyn ddwywaith — mae'n debyg bod Miss Davies yn parcio'i char yn yr un lle bob tro y maen nhw'n mynd i Abergwynant. Ac mi fasai Hefina wedi cael gwell cyfle na neb arall i wthio dillad y 'bioden' i fag dillad ei modryb. Roedd hi yn siop Nain a Taid pan gafodd pethau'u dwyn hefyd — y ddau dro. Ac roedd hi'n gwisgo'r siwmper a welaist ti gan y 'bioden'. Ie, hi ydi'r lleidr. Dydw i ddim yn synnu. Hen beth od ydi hi, yn ôl Sioned."

Roedd yn rhaid i Gwen gytuno bod y dystiolaeth yn erbyn Hefina'n gryf ond doedd hi ddim yn gwbl hapus 'chwaith.

"Fedra i ddim peidio â theimlo drosti," meddai wrthi'i hun. "Dydi hi ddim yn cael pres poced i brynu pethau."

"Dydw i ddim yn siŵr mai'r un siwmper oedd hi," meddai'n araf wrth ei chwaer. "Rhaid iti gofio'n bod ni wedi gweld Robin Morgan wrth siop Gerwyn hefyd. Ac mi fu o yn siop Nain a Taid pan gafodd pethau'u dwyn. Roedd o yma'r ddau dro hefyd."

"Ond fedrai o ddim bod wedi rhoi'r gôt a'r sgarff ym mag Miss Davies — roedd y car wedi'i gloi. Na, Hefina ydi'r lleidr. Rhaid inni wneud rhywbeth ynglŷn â'r peth fory." Swniai Bethan yn benderfynol iawn wrth setlo'n ddyfnach yn y gwely a pharatoi i fynd i gysgu. Ac yna, pan oedd Gwen ar fin diffodd y golau, cododd ei phen eto.

"Rwyt ti'n hoffi meddwl am Robin Morgan, mae'n rhaid," meddai cyn plymio dan y blancedi a throi'i chefn ar ei chwaer fach.

Brathodd Gwen ei gwefus. "O'r nefoedd!" meddai wrthi'i hun yn bryderus. "Rydw i wedi gwneud cawl o bethau. Mae gen i reswm cryf dros ddal i amau Robin Morgan. Mi soniodd am bersawr a hances lês — yr union bethau gafodd eu dwyn o'r siop. Ond fedra i ddim dweud wrth Bethan ei fod o wedi cynnig eu rhoi nhw'n anrheg i mi neu mi fydd hi'n fy mhryfocio i'n ofnadwy. Mae hi'n sôn am wneud rhywbeth ynglŷn â Hefina fory ac mae'n siŵr ei bod hi'n ei dychmygu'i hun yn arwres, yn cael ei llun yn y papur am ddal dihiryn. Ond dydw i ddim eisiau gweld Hefina druan yn mynd i helynt. O, beth wna i?"

Teimlai'n gymysglyd ryfedd. Fel arfer, byddai wrth ei bodd efo antur ond, rhywsut, roedd y peth wedi colli'i flas iddi hi. Ceisiodd setlo i gysgu ond gwibiai ei meddwl yma ac acw a'r pryder yn ei chnoi fel pe bai ganddi boen yn ei stumog.

"Dim ond amau Hefina rydyn ni ar hyn o bryd," penderfynodd yn sydyn. "Tasai gynnon ni brawf pendant, mi fasai'n *rhaid* inni wneud rhywbeth. Fory, rhaid inni chwilio am brawf."

Ac wedi dod i benderfyniad, medrodd ymlacio a'i gollwng ei hun i gysgu.

* * *

Fore trannoeth, roedd Bethan ar dân eisiau cadw gwyliadwriaeth yn y siop a fedrai Gwen yn ei byw feddwl am syniad gwell. Roedd hi'n ddigon prysur eto, a thua chanol y bore daeth Hefina a'i modryb i mewn. Teimlodd Gwen ei chyhyrau'n tynhau a sylwodd bod Bethan wedi camu o'r tu ôl i'r cownter i sefyll yng nghanol y siop. Ond pe bai ar Hefina eisiau dwyn rhywbeth, chafodd hi ddim cyfle. Brasgamodd Miss Davies yn syth at y cownter.

"Baco i Nhad, os gwelwch chi'n dda," meddai mewn llais uchel, main. "A brysiwch! Rydyn ni ar ein ffordd i'r dre'. Tyrd, Hefina."

Syllodd Gwen mewn syndod ar wyneb Hefina. Roedd wedi cochi eto a gallai Gwen daeru bod dagrau yn ei llygaid. Am ferch od, meddyliodd. Mae hi'n ofnadwy o swil, mae'n rhaid.

Ac yna, wedi i'r drws gau ar ôl Miss Davies a'i nith, sylwodd bod distawrwydd annifyr yn y siop a bod Nain a Taid a'r cwsmeriaid yn edrych yn rhyfedd ar ei gilydd.

"Druan fach!" meddai rhywun yn ddistaw. "Mae'i thad hi wedi marw ers blynyddoedd!"

Deallodd Gwen yn syth pam roedd dagrau yn llygaid Hefina. "Druan ohoni!" meddai wrthi'i hun. "Mae hi'n byw ei hun efo'i modryb ac mae rhywbeth mawr yn bod ar honno. Mae ar Hefina angen help, hyd yn oed os ydi hi'n lleidr. Biti na fedren ni brofi'r peth y naill ffordd neu'r llall."

Ac yna cafodd syniad ac amneidiodd ar Bethan i'w dilyn i'r cefn.

"Mae Miss Davies a Hefina wedi mynd i'r dre'," sibrydodd yn frysiog. "Dyma'n cyfle ni. Mi awn ni draw i'w tŷ nhw i chwilio am brawf. Tyrd! Mi ddeudwn ni wrth Nain ein bod ni'n picio am dro i fwthyn Lisi Meri."

Roedd y gwynt yn chwipio'n oer pan gyrhaeddodd y ddwy chwaer giât y tŷ bychan wrth yr eglwys lle trigai Miss Davies a'i nith. Edrychodd Bethan o'i chwmpas yn nerfus.

"Dydw i ddim yn siŵr ydi hyn yn syniad da," meddai. "Beth tasen ni'n cael ein dal?"

Ond roedd Gwen yn benderfynol.

"Rhaid inni gael prawf," mynnodd. "Rhaid inni gael gwybod i sicrwydd ai Hefina ydi'r lleidr ai peidio."

"Rhaid, mae'n debyg," cytunodd Bethan yn araf. "Ac wedyn, ar ôl cael prawf, rhaid inni fynd at yr heddlu."

"Na!"

Trodd Gwen at ei chwaer a'i llygaid yn fflachio. "Os ydi Hefina wedi bod yn dwyn, mae arni angen help. Mae hi'n cael bywyd ofnadwy a rhaid inni roi stop arni cyn iddi fynd i helynt go iawn."

Agorodd Bethan ei cheg i brotestio ond yna daeth yr olwg freuddwydiol i'w llygaid eto.

"Rwyt ti'n iawn," meddai mewn llais meddal. "Hefina druan! Mae hi'n unig ac yn hollol ddi-ffrind. Rhaid inni'i helpu hi, ei hachub hi rhagddi hi'i hun."

O'r nefoedd! meddyliodd Gwen. Mae hon yn hollol benderfynol o greu stori ramantus a hithau'n actio'r prif gymeriad. Mi fasai'n well taswn i wedi dod hebddi hi.

Ond wrth sleifio rhwng y llwyni tywyll a dyfai yn yr ardd, a nesáu'n ofnus at ffenestri'r tŷ, roedd hi'n falch iawn o wybod bod ei chwaer fawr y tu ôl iddi.

Pennod 12

Cododd Gwen ar flaenau'i thraed a phwysodd ei thrwyn yn erbyn ffenest tŷ Miss Davies. Edrychodd i mewn ar stafell ddigon cyfforddus yr olwg — soffa a dwy gadair freichiau, pentwr o lyfrau ar fwrdd bach wrth y lle tân a bag gweu ar lawr wrth ochr un gadair. Roedd ei hanadl gynnes yn creu tarth ar y gwydr oer a defnyddiodd Gwen gornel ei sgarff i rwbio'r ffenest er mwyn cael gweld yn gliriach. Ond, er craffu a chraffu, fedrai hi weld dim oedd yn profi mai Hefina oedd y lleidr. Doedd dim golwg o na phwrs glas na photel bersawr, o na hances lês na bocs cerfiedig.

"Mae 'na stafell arall yn y cefn, mae'n rhaid. Mi soniodd Miss Davies am biano a does 'na 'run yn y stafell yma," sibrydodd wrth Bethan a safai'n nerfus wrth ei hysgwydd. "Aros di yn fan'ma i gadw gwyliadwriaeth. Rydw i am fynd i edrych."

"Paid â bod yn hir!"

Roedd yn amlwg bod Bethan ar bigau'r drain eisiau gadael y lle ond chymerodd Gwen ddim sylw ohoni. Gan gadw yn agos at wal y tŷ, sleifiodd ar hyd yr ochr i'r cefn. Yno, roedd ffenest arall yn edrych allan dros ardd fach daclus ac, unwaith eto, cododd Gwen ar flaenau'i thraed i graffu i mewn. Roedd piano yn y stafell hon a bwrdd a phedair cadair o'i gwmpas. Roedd cloc mawr yno hefyd a silff lyfrau a . . . Daliodd Gwen ei gwynt a phwysodd yn galetach yn erbyn y ffenest gan sychu'r gwydr yn ddiamynedd â'i llaw. Yng nghornel y stafell, rhwng y cloc mawr a'r silff lyfrau lwythog roedd bocs — bocs pren a cherfiadau cywrain arno.

"Bocs Gerwyn!" meddai Gwen wrthi'i hun. A chan anghofio bod angen cadw'n ddistaw, rhedodd ar hyd y llwybr i flaen y tŷ gan weiddi,

"Bethan! Bethan! Tyrd yma! Mae gynnon ni brawf o'r diwedd!"

Anghofiodd Bethan hefyd ei nerfusrwydd a dilynodd ei chwaer yn frysiog i'r cefn.

"Ie," cytunodd wedi syllu drwy'r ffenest am ychydig eiliadau. "Bocs Gerwyn ydi hwnna. Mae gynnon ni brawf mai Hefina ydi'r lleidr rŵan. Beth wnawn ni nesa'?"

Teimlai Gwen ryw gnoi rhyfedd yn ei stumog. Pan welodd y bocs, roedd wedi teimlo'n gyffrous ac yn hapus, yn falch ohoni'i hun am ddatrys y dirgelwch. Am ychydig, roedd wedi anghofio nad dihiryn mewn stori oedd Hefina ond merch tua'r un oed â hi — merch â phroblemau enfawr. Rŵan, wrth sylweddoli bod cael prawf yn golygu gwneud rhywbeth ynglŷn â'r peth, teimlai'n anesmwyth ac ansicr.

"Mae Bethan a minnau'n rhy ifanc i ddelio efo hyn," meddai wrthi'i hun. "Dyna braf fasai cael dweud y cwbl wrth rywun mewn oed a gadael i hwnnw gymryd y cyfrifoldeb."

Ond gwyddai na allent wneud hynny. Pe

dywedent y cwbl, byddai'r oedolion yn mynnu cosbi Hefina, yn galw ar yr heddlu i'w restio o bosibl. A byddai Miss Davies yn cael gwybod ac yn gwneud bywyd ei nith yn fwy o boen nag ydoedd yn barod.

"Wn i ddim beth i'w wneud," meddai'n araf wrth Bethan. "Efallai y dylen ni . . ."

Ond cyn iddi orffen ei brawddeg clywodd y merched sŵn traed y tu ôl iddynt a throdd y ddwy i wynebu dyn a gerddai tuag atynt ar hyd y llwybr. Gwenodd y dyn o'u gweld.

"O, wyresau bach Mrs Jones y siop sydd yma," meddai. "Rydw i'n byw'r drws nesa' ac rôn i'n meddwl 'mod i'n clywed rhywun. Mae Miss Davies a Hefina wedi mynd i'r dre' y bore 'ma."

"Y . . . dod yma i weld Hefina wnaethon ni."

Clywodd Gwen lais diniwed ei chwaer wrth ei hochr a gwridodd wrth feddwl y byddai'r dyn wedi'u dal yn syllu drwy'r ffenest pe bai wedi cyrraedd ychydig ynghynt.

"Y . . . roedden ni eisiau'i gwahodd hi i ddod i gael te efo ni'r pnawn 'ma." Aeth Bethan yn ei blaen gan wenu'n ddel ar y dyn ac, am unwaith, diolchodd Gwen bod ei chwaer mor hoff o ddarllen straeon. Mae ganddi hi fwy o ddychymyg na fi, meddyliodd. Faswn i byth wedi medru meddwl am esgus mor sydyn.

Wrth ei hochr, roedd Bethan yn dal i siarad — yn fwy hyderus erbyn hyn gan fod y dyn yn amlwg wedi llyncu'i stori.

"Ond gan nad ydi hi yma," meddai, "mi sgwennwn ni nodyn iddi hi. Mae gen i ddarn o bapur yn fan'ma. Oes gynnoch chi bensil?"

Estynnodd y dyn bensil o boced ei siaced a sbeciodd Gwen dros ysgwydd ei chwaer wrth i Bethan ysgrifennu,

Hefina, ddoi di i gael te efo ni tua phedwar o'r gloch heddiw? Tyrd â'th BWRS GLAS a'th HANCES LÊS efo ti.

Bethan a Gwen

Yn frysiog, cyn i'r dyn gael cyfle i'w weld, plygodd Bethan y nodyn.

"Mi rown ni o drwy'r drws," meddai gan gychwyn cerdded am flaen y tŷ. "Da bo chi. Nadolig Llawen."

Brysiodd Gwen ar ôl ei chwaer. Fedrai hi ddim llai nag edmygu dyfeisgarwch Bethan. Hyd yn oed pe bai wedi pendroni am oriau, fyddai *hi* ddim wedi meddwl am gyfeirio at y pethau gafodd eu dwyn yn y nodyn.

"Wyt ti'n meddwl y daw hi?" holodd yn eiddgar wrth i'r ddwy frysio i lawr y stryd am y siop, eu hanadl yn creu cymylau gwynion yn yr awyr oer.

"Daw," atebodd Bethan yn bendant. "Mi fydd hi'n gwybod, ar ôl darllen y nodyn, ein bod ni'n ei hamau hi. Ac mi fydd hi'n gwybod ein bod ni eisiau siarad efo hi yn hytrach na mynd at yr heddlu. Mi fydd hi'n siŵr o ddod."

Pennod 13

Aeth pedwar o'r gloch heibio. A phump o'r gloch. A chwech. Ond ddaeth Hefina ddim ar gyfyl y merched. Nes i'r siop gau, bu'r ddwy'n loetran wrth y ffenest fawr yn edrych allan dros y stryd oer, dywyll. Ac wedyn, wedi i Nain a Taid gloi a mynd trwodd i hwylio swper, gwnaeth y ddwy esgus bob hyn a hyn i fynd at y drws i edrych eto.

"Beth sy'n bod arnoch chi'ch dwy?" meddai Nain o'r diwedd. "Eisteddwch i lawr wir, a pheidiwch ag agor y drws bob munud. Rydych chi'n oeri'r tŷ 'ma."

"Ie wir, eisteddwch i lawr," ategodd Taid gan chwerthin. "Ddaw Siôn Corn ddim heno."

Ac yna, tua hanner awr wedi chwech, pan oedd y pedwar ar ganol eu swper, cododd Gwen ei phen yn sydyn.

"Mae 'na gar wedi aros y tu allan," meddai gan neidio ar ei thraed. "Mae rhywun yma."

Rhuthrodd o'r stafell a'i chwaer yn dynn ar ei sodlau.

"Wyt ti'n meddwl bod Miss Davies wedi dod â hi yma?" sibrydodd Bethan wrth i Gwen gyrraedd y drws a'i dynnu'n agored.

Ac yna, safodd y ddwy'n syn am eiliad cyn

rhuthro ar draws y pafin i daflu'u breichiau am y ddynes oedd wrthi'n talu i yrrwr y tacsi.

"Mam! Roedden ni'n meddwl mai fory roeddech chi'n dod. Ydi Dad efo chi?"

Tynnodd Mam y pen melyn a'r pen tywyll yn agos ati. "Mi ddaw Dad fory," meddai mewn llais blinedig, gwan. "Dowch, mi awn ni i mewn at y tân."

Roedd Nain a Taid wedi dod at y drws eisoes ac wedi gwirioni o weld eu merch yn cyrraedd yn annisgwyl. Aeth pawb trwodd i'r stafell glyd yn y cefn i orffen swper ac i sgwrsio a holi'i gilydd. Ond yng nghanol y miri a'r chwerthin a'r cynllunio brwd at ddiwrnod Nadolig, eisteddai Gwen yn ddistaw a'r düwch oer yn cau amdani eto.

"Mae rhywbeth yn bod," meddai wrthi'i hun. "Mae Mam yn dweud ei bod wedi dianc o Lundain ddiwrnod yn gynnar am ei bod wedi blino gormod i fynd i'r gwaith fory. Ond mae ganddi gleisiau duon dan ei llygaid, fel tasai rhywbeth yn ei phoeni'n ofnadwy. Rydw i'n siŵr bod Mam a Dad wedi gwahanu ac na ddaw o ddim fory wedi'r cyfan."

Roedd yn amlwg bod Nain yn poeni hefyd, er ei bod yn ceisio cuddio hynny. A phan ddaeth Sioned at y drws i holi a oedd y merched am ymuno â chriw oedd yn canu carolau o gwmpas y pentref, gwthiodd y ddwy o'r stafell cyn iddynt gael cyfle i brotestio.

"Ie, ewch," meddai'n eiddgar. "Wneith hi ddim drwg i'ch mam gael llonydd am dipyn."

Roedd tua dwsin o bobl ifanc wedi ymgasglu o dan y lamp ym mhen draw'r stryd ond, wrth gerdded tuag atynt, teimlai Gwen ei thraed yn llusgo. Doedd ganddi mo'r awydd lleiaf i ganu heno. Pwysai'r pryder am Mam a Dad yn drwm ar ei meddwl. Wrth ochr hynny, edrychai'r broblem o beth i'w wneud ynglŷn â Hefina yn hollol ddibwys.

"Ond *mae* o'n bwysig mewn gwirionedd," meddai wrthi'i hun gan ymwroli a sythu'i hysgwyddau. "Fedra i wneud dim ynglŷn â Mam a Dad ond mi fedra i helpu Hefina. Os awn ni i ganu carolau at ei thŷ hi, rhaid imi drio cael gair â hi."

Ymlwybrodd y criw o gwmpas y pentref gan sefyll bob hyn a hyn i ganu. Roedd pawb yn hapus ac yn llawn asbri'r Nadolig ac roedd y bobl a ddeuai o'u tai i wrando yn glên ac yn hael. Er mor benisel y teimlai ar y dechrau fedrai Gwen ddim peidio â sirioli wrth deimlo cynhesrwydd yr awyrgylch o'i chwmpas.

"Rydw i'n poeni am ddim, mae'n siŵr," meddai wrthi'i hun. "Mae Mam yn gweithio'n galed. Mae'n naturiol ei bod hi wedi blino."

Roedd Robin Morgan yn un o'r criw. Pan welodd Gwen gyntaf roedd wedi wincio arni a gofalai ddod i sefyll wrth ei hochr pan oedd yn amser canu gan ruo yn ei chlust fel brân fawr â dolur gwddf. Sylwodd Gwen bod ei chwaer yn edrych yn feddylgar arni a dechreuodd geisio osgoi Robin. Ond, er nad oedd hi am funud yn dymuno cael ei gwmni, fedrai hi ddim peidio â chwerthin am ei ben. Roedd o mor ddoniol — yn canu mewn lleisiau gwirion, yn dynwared y bobl a ddeuai at y drysau, yn chwilio drwy'r biniau sbwriel wrth bob tŷ.

"Mi fydda i'n gwneud hyn yn aml," esboniodd pan welodd Gwen yn ei wylio. "Mae 'na drysorau i'w cael mewn biniau weithiau."

Chwarddodd Gwen a theimlodd yn well yn syth. "Mae Taid yn iawn," meddai wrthi'i hun. "*Mae* Robin Morgan yn dipyn o gymeriad. Rydw i'n falch nad ydi o ddim yn lleidr er bod gen i biti dros Hefina. Mae'n rhaid mai cyd-ddigwyddiad oedd iddo fo sôn am y persawr a'r hances lês."

Erbyn hyn, roedd y criw wedi cyrraedd tŷ Miss Davies. Safodd pawb mewn hanner cylch a chanu pennill o 'Dawel Nos' yn ddigon taclus. Agorodd y drws ddim.

"Canwch yn uwch," gwaeddodd Robin mewn llais uchel. "Efallai bod yr hen fuwch yn cysgu!"

Chwarddodd rhai ac edrychodd eraill yn anniddig ar eu traed heb wybod beth i'w wneud. Yna, dechreuodd Sioned ganu 'I orwedd mewn preseb' ac ymunodd pawb yn ddiolchgar.

Canwyd dau bennill heb i ddim ddigwydd ond, ar ganol y trydydd, agorodd y drws yn sydyn a daeth Hefina i sefyll ar y trothwy gan edrych allan yn nerfus.

"Mi a i," meddai Gwen yn syth gan gipio'r blwch casglu o law'r ferch a arferai wneud y gwaith. Brysiodd ar hyd y llwybr at y tŷ.

"Y . . ." meddai Hefina pan gyrhaeddodd Gwen ati. "Y . . . mae Anti'n sâl heno. Mae hi am imi roi hwn i chi." A chan wthio darn punt yn frysiog i'r blwch, trodd ei chefn. Oni bai i Gwen gydio yn ei braich byddai wedi diflannu i'r tŷ.

"Gest ti'r nodyn?" sibrydodd Gwen rhwng ei dannedd. "Hefina, mae'n rhaid inni siarad efo ti. Mae o'n *bwysig*. Tria ddod i'r siop bore fory."

Am funud, edrychai Hefina fel pe bai ddim yn clywed geiriau Gwen neu ddim yn eu deall. Ond yna, nodiodd ei phen yn ufudd a phlymiodd i ddiogelwch y cyntedd gan dynnu'r drws ar ei hôl.

"Mae hi'n siŵr o ddod," meddai Gwen wrthi'i hun wrth gerdded i lawr y stryd yng nghanol y criw hwyliog. Ac, er bod y pryder am Mam a Dad yn dal i grafu cefn ei meddwl fel pigyn clust oedd yn gwrthod gwella, teimlai'n llawer hapusach ac yn falch ei bod wedi manteisio ar y cyfle i siarad â Hefina.

Wrth y siop, gwahanodd Bethan a Gwen oddi wrth y criw a ffarweliodd pawb gan rybuddio'i gilydd i fod yn y festri'n gynnar ar gyfer y perfformiad drannoeth. Ac yna, wrth i Gwen droi i mewn drwy'r drws, sleifiodd Robin Morgan ati.

"Y . . . anrheg Nadolig iti," meddai'n ddistaw. A gwthiodd barsel bychan i'w llaw.

Pennod 14

Gorweddai Bethan yn y gwely mawr yn edrych yn fyfyriol ar ei chwaer a eisteddai ar silen y ffenest. Doedd Gwen ddim wedi cau'r llenni y tu ôl iddi heno. Doedd arni ddim eisiau llonydd; roedd arni eisiau trafod.

"Wn i ddim beth rwyt ti'n ei weld ynddo fo," meddai Bethan ymhen tipyn. "Hen beth tenau efo gwallt coch. Ych!"

Trodd Gwen y parsel blêr yn ei dwylo. Doedd geiriau'i chwaer fawr ddim yn ei phoeni. A dweud y gwir, roedd bron yn siŵr bod Bethan dipyn bach yn genfigennus. Chafodd *hi* erioed anrheg gan fachgen.

"Dydw i ddim yn ffansïo Robin Morgan o gwbl," meddai gan dynnu ar y tâp gludiog a gaeai'r parsel. "Ond *mae* o'n dipyn o gymeriad. Rydw i'n falch nad ydi o ddim yn lleidr."

Daeth y tâp gludiog yn rhydd ac agorodd Gwen y parsel. Yna, agorodd ei llygaid yn fawr a chafodd dro annifyr yn ei stumog wrth weld beth oedd ynddo. Tynnodd y pethau allan a chododd i'w gosod ar y gwely wrth ochr Bethan. Edrychodd y ddwy ar ei gilydd heb ddweud gair.

"Potel bersawr a hances lês!" sibrydodd Bethan o'r diwedd. "Ydyn nhw'r un fath â'r rhai yn y siop?"

"Wn i ddim."

Teimlai Gwen yn hollol ddryslyd. Byseddodd y pethau ar y gwely ac yna, camodd yn benderfynol at y drws.

"Does ond un ffordd o gael gwybod," meddai. "Rydw i'n mynd i lawr i'r siop i edrych. Os ydyn nhw'r un fath, mae'n rhaid mai Robin ydi'r lleidr wedi'r cwbl."

Brysiodd ar flaenau'i thraed i lawr y grisiau a thrwy'r tywyllwch heibio i'r stafell gefn lle'r oedd Mam a Nain a Taid yn dal i sgwrsio. Unwaith y cyrhaeddodd y siop, gallai weld yn ddigon clir gan fod lamp y stryd yn taflu golau drwy'r ffenest fawr. Prysurodd at y stondin a safai ar ganol y llawr a phlygodd i graffu ar y nwyddau. Daliodd ei gwynt a theimlodd don o siom yn golchi drosti. Roedd y poteli persawr a'r hancesi lês ar y stondin yr un fath yn union â'r rhai a gafodd gan Robin Morgan.

Sleifiodd yn ddistaw o'r siop a'i meddwl yn llawn o gwestiynau. Ac yna, wrth fynd heibio i'r stafell gefn, safodd yn stond a'i chalon yn curo'n gyflym. Deuai llais Nain yn glir.

"Gobeithio y bydd popeth yn iawn. Mi fydd yn newid byd ofnadwy arnat ti."

"Mi fydda i'n iawn." Er bod llais Mam yn flinedig, swniai'n hollol bendant. Daeth sŵn cadair yn crafu'r llawr ac yna llais Mam eto, yn nes o lawer at y drws.

"Peidiwch â phoeni. Mi wneith noson o gwsg fyd o les imi."

Mor ddistaw ag y medrai, carlamodd Gwen i fyny'r grisiau. Erbyn i Mam daro'i phen rownd cil y drws i ddymuno nos da, roedd yn y gwely wrth ochr Bethan a golwg hollol ddiniwed arni. Craffodd ar wyneb Mam ac, am eiliadau wedi i'r drws gau, daliai i'w weld yn ei meddwl. Roedd yr wyneb yn flinedig ond doedd Mam ddim yn edrych yn anhapus 'chwaith. A dweud y gwir, roedd ei llygaid yn pefrio. Doedd bosib ei bod yn edrych ymlaen at fyw heb Dad?

Cafodd bwniad sydyn yn ei hochr. Roedd Bethan wrthi'n ei holi.

"Ateb wnei di? Oedd y pethau'r un fath?"

"Oedden." Ochneidiodd Gwen a cheisiodd ganolbwyntio ar y broblem. "Dydi'r peth ddim yn gwneud synnwyr. Mae'r bocs a'r siwmper gafodd eu dwyn o'r dre' gan Hefina ond roedd y persawr a'r hances lês gafodd eu dwyn ym Maeheli gan Robin. Wyt ti'n meddwl bod y ddau'n lladron?"

Ond doedd gan Bethan 'chwaith ddim ateb i'w gynnig a chan gytuno i aros nes gweld beth fyddai gan Hefina i'w ddweud drannoeth, setlodd y ddwy i gysgu.

Ond ddaeth cwsg ddim yn syth i Gwen. Gorweddodd yn y gwely'n gwrando ar anadlu cyson ei chwaer a lluniau a synau'n fflachio ar draws ei meddwl — lleisiau'n canu carolau, llais Nain yn dweud 'Mi fydd yn newid byd arnat ti'. Daeth llun Mam i'w meddwl, ei llygaid yn pefrio a gwrid ar ei hwyneb lluddedig. "Fydd hi ddim yn ddiwedd y byd os byddan nhw'n gwahanu," meddai wrthi'i hun.

"Mae hynny'n digwydd i lawer o deuluoedd ac maen nhw'n ddigon hapus. Mi fydd gen i fam a thad yr un fath yn union, yn wahanol i Hefina druan."

Gwelodd lun Hefina'n gwrido'n nerfus wrth ddrws ei thŷ a llun bachgen main yn claddu'i ben fflamgoch mewn bin sbwriel. Rydw i'n hoffi'r ddau — Hefina a Robin — meddyliodd yn sydyn. Dydw i ddim eisiau i'r un ohonyn nhw fod yn lleidr.

Pennod 15

Fore trannoeth, er i Mam geisio'u perswadio i fynd efo hi i'r dref, mynnodd y merched bod eu hangen i helpu Nain a Taid yn y siop. Byddai'r ddwy wedi mwynhau crwydro Abergwynant yng nghwmni Mam a edrychai'n well o lawer ar ôl noson hir o gwsg a byddent wedi hoffi galw yn siop Gerwyn i roi cyfle iddo ef a Lowri Mair eu gwahodd i fod yn forynion priodas. Ond roedd y ddwy fel ei gilydd yn benderfynol o fod ar gael pe deuai Hefina i chwilio amdanynt. Erbyn hyn, roedden nhw ar bigau'r drain eisiau cael gwybod y gwir.

Daeth llawer o bobl i'r siop yn ystod y bore a bu'r merched yn rhedeg yma ac acw'n estyn pethau. Ond roedd hi bron yn amser cinio cyn i Hefina ddod i mewn a sylwodd Gwen bod ei llygaid yn goch fel pe bai wedi bod yn crio'n hir.

"Rydw i wedi dod i nôl torth. Dydi Anti ddim yn dda y bore 'ma," meddai'n frysiog wrth Nain gan anwybyddu'r merched yn llwyr. Ond roedd Gwen yn benderfynol o gael gair â hi.

"Mae Bethan a minnau'n mynd i gael paned," meddai mewn llais uchel. "Tyrd trwodd i'r cefn efo ni."

Gwridodd Hefina a dechreuodd ysgwyd ei phen ond gwenodd Nain yn glên arni.

"Ie, ewch trwodd efo'r merched," ategodd. "Mae'n well i'ch modryb gael llonydd i orffwys. Mi fydd hi angen ei nerth at y perfformiad heno."

Edrychai Hefina fel pe bai arni awydd dianc ond bodlonodd ar gael ei harwain i'r stafell glyd yn y cefn. Aeth Gwen i'r gegin i wneud paned gan adael Bethan i sgwrsio'n herciog. Roedd yn amlwg na wyddai ei chwaer fawr sut i sôn am y dwyn a phan ymunodd Gwen â'r ddwy arall, doedd hi fawr gwell. Aeth ati i holi Hefina am yr ysgol ac i ddweud straeon doniol am ei hysgol hi a Bethan yn Llundain. Gwelodd bod y ferch swil yn dechrau ymlacio a chymryd diddordeb yn y sgwrs.

"Mae hi eisiau bod yn ffrindiau," meddai wrthi'i hun. "Nid arni hi mae'r bai'i bod hi'n ymddwyn fel merch fach dda. Biti na fasai Sioned a'r merched eraill yn gleniach efo hi."

Aeth hanner awr heibio yn gyflym ac yna gwthiodd Hefina ei chadair oddi wrth y bwrdd.

"Rhaid imi fynd yn ôl at Anti," meddai ac roedd yn amlwg o'i llais nad oedd ganddi'r awydd lleiaf i fynd. Cymerodd Gwen anadl ddofn.

"Y . . . roedden ni eisiau siarad efo ti am rywbeth pwysig," meddai. "Y . . . y diwrnod o'r blaen, pan ddaethon ni â'r nodyn draw, mi welson ni focs pren yn eich tŷ chi ac . . . y . . ." Cymerodd anadl eto a chwiliodd ei meddwl am ffordd i ddweud yr hyn roedd ganddi i'w ddweud. Daeth Bethan i'r adwy.

"Rydyn ni'n digwydd gwybod bod y bocs wedi'i ddwyn o siop yn Abergwynant," meddai'n gyflym, "ac rydyn ni'n amau bod y siwmper binc roeddet ti'n ei gwisgo'r noson o'r blaen wedi'i dwyn hefyd."

Am funud, edrychodd Hefina ar y ddwy chwaer a dagrau'n cronni yn ei llygaid. Yna, neidiodd ar ei thraed.

"Rydych chi'n fy nghyhuddo i o fod yn lleidr!" meddai. "Fi! Wnes i erioed ddwyn dim yn fy mywyd! Sut meiddiwch chi eistedd yn fan'na a'm cyhuddo i? Sut meiddiwch chi?"

Cododd ei llais yn sgrech a fflachiodd ei llygaid yn debyg iawn i'r ffordd y fflachiodd llygaid ei modryb pan oedd wedi gwylltio yn yr ymarfer. Edrychodd Bethan a Gwen ar ei gilydd mewn penbleth.

"Ond ... mae'r pethau gen ti," cychwynnodd Gwen yn betrus ond torrodd Hefina ar ei thraws yn wyllt.

"Dydw i ddim yn lleidr!"

Trodd a rhuthrodd o'r stafell gan adael y ddwy chwaer i sgrialu ar ei hôl gan fwmial mai ceisio helpu roedden nhw. Edrychodd Nain i fyny'n syn wrth i Hefina frasgamu drwy'r siop ac allan i'r stryd. Wedi i'r drws gau'n glep y tu ôl iddi, trodd at ei hwyresau.

"Rydw i'n gobeithio na fuoch chi'n gas efo hi," meddai. "Mae gan y ferch druan ddigon o broblemau'n barod."

Teimlai Gwen yn anghyfforddus ac annifyr. "Mi ddylai Nain wybod na fuon ni ddim yn gas," meddai wrthi'i hun. "Ond mi wnaethon ni'i chynhyrfu hi. O'r nefoedd! Rydyn ni wedi gwneud cawl go iawn o bethau. Efallai nad ydi hi ddim yn lleidr wedi'r cwbl. Efallai mai Robin Morgan wnaeth ddwyn y pethau i gyd."

Prysurodd at y drws gan feddwl mynd ar ôl Hefina i geisio'i chysuro ond, pan edrychodd allan i'r stryd, gwelodd bod y ferch swil bron â chyrraedd ei thŷ. Wrth ymyl y drws, yn pwyso'n ddiog yn erbyn y wal, roedd Robin Morgan a rhai o'i ffrindiau. Sythodd Gwen ei hysgwyddau ac amneidiodd ar Robin i ddod ati gan anwybyddu sylwadau pryfoclyd y gweddill.

"Mi welais i ti yn Abergwynant y diwrnod o'r blaen," meddai gan hoelio'i llygaid yn benderfynol ar y bachgen gwallt fflamgoch. "Mi ddoist ti allan o le cul rhwng dau dŷ. Beth roeddet ti'n ei wneud yno?"

"Dim ond cael smôc fach slei," atebodd Robin gan edrych yn syn arni. "Pam? Wyt ti eisiau dod efo ni'r tro nesa'?"

Gwridodd Gwen. Gwyddai bod y bechgyn eraill yn cael modd i fyw yn eu gwylio a rhoddai unrhyw beth am gael dianc, ond roedd ganddi gwestiwn arall.

"Y . . . diolch am yr anrhegion," meddai. "Y . . . ble cest ti nhw?"

Tro Robin oedd hi i wrido rŵan. "Wel, a dweud y gwir, eu ffeindio nhw mewn bin sbwriel wnes i," meddai. "Bin sbwriel Miss Davies fel mae'n digwydd."

Syllodd Gwen i'r llygaid gwyrdd dan y gwallt fflamgoch. Oedd, roedd Robin yn dweud y gwir, er bod yn gas ganddo orfod gwneud hynny.

"Dyna brawf arall mai Hefina ydi'r lleidr," meddai

wrthi'i hun. "O, pam na wneith hi gyfaddef er mwyn inni fedru'i helpu hi?"

Trodd ei chefn ar Robin a'i ffrindiau a brysiodd yn ôl i'r siop i adrodd yr hanes wrth Bethan.

Pennod 16

Y pnawn hwnnw, byddai'r merched wedi hoffi aros yn y pentref er mwyn ceisio cael cyfle i siarad â Hefina. Ond, am unwaith, rhoddodd Nain ei throed i lawr. Ar ôl cinio, mynnodd bod Mam yn mynd i fyny i orffwys ac yna trodd at ei hwyresau.

"Rhaid i chi fynd i Gorwel," sibrydodd. "Mae'r Capten wedi ffonio i ddweud ei fod wedi gorffen y bocs a bod eisiau i chi ei nôl o heddiw."

Edrychodd y ddwy chwaer yn euog ar ei gilydd. Yng nghyffro'r deuddydd diwethaf, roedden nhw wedi anghofio'r cwbl am anrheg Mam a Dad a'r ffaith eu bod wedi addo helpu'r Capten i'w wneud.

Dringodd y ddwy y bryn am y tŷ unig ar y clogwyn. Er ei bod yn oer, roedd yr awyr yn las, yn lasach o lawer na'r môr a olchai dros y creigiau oddi tanynt. Ar gopäon y mynyddoedd pell roedd haen drwchus o eira'n disgleirio yn yr haul.

"Chawn ni ddim Nadolig gwyn, yn ôl Nain," meddai Gwen wrthi'i hun. "A dweud y gwir, mi fydd hi'n Nadolig ddigon rhyfedd."

Brathai'r oerni'i chroen ac wrth geisio llyncu lwmp mawr yn ei gwddf gwnaeth ei gorau i'w hargyhoeddi'i hun mai'r oerni a berai i'w llygaid losgi. Roedd hi wedi penderfynu derbyn y ffaith bod Mam a Dad yn gwahanu ac eto, wrth feddwl am y peth, teimlai fel dringo i lawr at y creigiau a'i chuddio'i hun yno i grio a chrio.

Gwnaeth sgwrsio clên y Capten a'i falchder wrth drosglwyddo'r bocs cerfiedig i'w gofal rywfaint i godi'i chalon ac, erbyn cyrraedd yn ôl i dŷ Nain a Taid ddiwedd y pnawn, teimlai'n well o lawer.

Roedd y stafell glyd y tu ôl i'r siop yn llawn o bobl. Roedd Nain a Taid yno, y ddau mewn hwyliau da wrth edrych ymlaen at ychydig ddyddiau o wyliau. Roedd Mam yno hefyd wedi golchi'i gwallt yn ddel a gwisgo ffrog newydd ac yn edrych yn berffaith hapus. Ac roedd Gerwyn a Lowri Mair yno.

"Mi ddaethon ni'n syth ar ôl cau'r siop," eglurodd Gerwyn. "Roedden ni eisiau dod ag anrhegion i chi ac mae'ch nain wedi'n perswadio ni i aros i'ch gweld chi'n perfformio."

"Rydyn ni eisiau gofyn rhywbeth i chi hefyd," ychwanegodd Lowri Mair gan droi at y merched yn wên o glust i glust. "Mi fasai Gerwyn a minnau'n hapus iawn tasech chi'n cytuno i fod yn forynion priodas inni yn ystod gwyliau'r Pasg."

Neidiodd Bethan i gofleidio Lowri Mair ac roedd yn rhaid i Gwen hefyd gydnabod ei bod wrth ei bodd o gael y gwahoddiad. Gwrandawodd yn hapus ar Mam a Lowri Mair yn trafod y gwisgoedd.

"Mi fydd rhaid i'r genod ddod yma ddwywaith neu dair yn ystod y tymor i gael eu mesur," eglurodd Lowri a thorrodd Nain ar ei thraws yn syth,

"Fydd hynny ddim yn broblem. A dweud y gwir, efallai . . ."

Rhoddodd Mam bwniad egr i Nain a brathodd honno'i thafod yn sydyn. Edrychodd Gwen ar ei chwaer ond roedd Bethan wedi gwirioni gormod i fod wedi sylwi ar ddim.

"Waeth imi heb â phoeni," meddai Gwen wrthi'i hun gan wthio'r bygythiad o'i meddwl yn benderfynol. Aeth y merched i fyny i baratoi ar gyfer y perfformiad ond, er ei bod yn edrych ymlaen yn ofnadwy at y ddrama ac at ddydd Nadolig, daliai Gwen i deimlo rhywbeth yn ei phigo fel ddannodd nad oedd yn ddigon poenus i beri iddi grio ond a oedd yno o hyd. Wrth newid, siaradai Bethan yn ddibaid am y briodas ac am y gwisgoedd a gwyddai Gwen nad oedd haws â rhannu'i phryderon â'i chwaer.

"Mi fydd rhaid imi dderbyn y sefyllfa," meddai wrthi'i hun unwaith eto. "Ac am y mater arall — go brin y cawn ni wybod byth a ydi Hefina'n lleidr ai peidio."

* * *

Roedd y festri dan ei sang a phawb yn sgwrsio'n dawel wrth ddisgwyl yn eiddgar am y perfformiad. Sylwodd Gwen bod Mam wedi cadw lle gwag wrth ei hochr a'i bod yn edrych yn ôl at y drws bob hyn a hyn. Yna, wrth i Miss Davies gamu i'r sedd fawr i gyhoeddi bod y ddrama ar fin dechrau, daeth sŵn rhywun yn troedio'n ofalus i lawr drwy'r festri a throdd Gwen i weld Dad yn gwthio i'w le wrth ochr

Mam. Llamodd ei chalon ond feiddiai hi ddim codi llaw arno rhag i Miss Davies ei gweld.

"Mae o wedi dod wedi'r cwbl," meddai wrthi'i hun yn hapus. "Mae'n rhaid eu bod nhw wedi penderfynu peidio â gwahanu tan ar ôl diwrnod Nadolig — er ein mwyn ni, mae'n debyg."

Mwynhaodd pawb y perfformiad. Pawb ond Miss Davies. Eisteddodd hi ar flaen ei sedd drwy'r amser, yn cnoi'i gwefusau ac yn lapio'i hances boced yn belen fach, dynn. Ar y diwedd, daeth at y plant i'w llongyfarch yn ei ffordd letchwith ei hun.

"Ddim yn ddrwg," meddai. "Roedd rhai ohonoch chi'n dda iawn, yn enwedig Hefina. Rŵan, rydw i am i chi bacio'r dillad i'r bagiau duon yma."

Roedd Gwen ar bigau'r drain eisiau mynd at Dad ond feiddiai hi ddim dianc. Aeth pawb ati i ddadwisgo a thacluso gan sgwrsio'n hapus yr un pryd. Cyn pen dim, roedd y bagiau duon yn llawn er bod ychydig o ddillad heb eu pacio.

"Mae gan Anti fag arall yn fan'ma," cynigiodd Hefina gan fynd at y sedd flaen ac estyn rhywbeth oedd wedi'i wthio oddi tani. Yr un munud, rhoddodd Miss Davies sgrech a distewodd pawb yn syfrdan.

"Na!" sgrechiodd y llais main. "Fy mag i ydi hwnna, Hefina. Rwyt ti'n gwybod yn iawn nad oes neb arall i'w ddefnyddio fo."

"Ond Anti . . ." Gwridodd Hefina druan eto a dechreuodd rhai o'r plant bwffian chwerthin y tu ôl i'w dwylo. Doedden nhw erioed o'r blaen wedi clywed Miss Davies yn tafodi ei nith.

Ond doedd Gwen ddim yn chwerthin. Yn araf,

cerddodd o'r sedd fawr i sefyll wrth ochr Hefina.
Arhosodd i Miss Davies dawelu ac yna gofynnodd yn
dawel,

"Eich bag chi ydi hwn, Miss Davies?"

"Ie." Llyncodd Miss Davies ei phoer a thynhaodd
ei gwefusau. "Fy mag i ydi o. Does neb ond y fi'n cael
ei ddefnyddio fo, byth."

"O."

Doedd gan Gwen ddim mwy i'w ddweud. Trodd i
syllu i lygaid pryderus Hefina ac, yn araf, cymerodd y
bag o'i dwylo — bag piws llachar a blodyn melyn fel
yr haul yn sgleinio ar ei ganol.

Pennod 17

Teimlai Gwen ei phen yn troi. Yn sydyn, fel darnau jig-sô yn ffitio'n daclus i'w gilydd, daethai'r holl stori'n berffaith glir yn ei meddwl. Miss Davies oedd y 'bioden'! Hi oedd wedi gwisgo fel hen wraig i ddwyn y siwmperi o'r siop yn Abergwynant ac wedi mynd i'w char ar y stryd wrth siop Gerwyn i newid wedyn; hi oedd wedi dwyn y bocs cerfiedig pan oedd Gerwyn yn rhy brysur i gadw golwg; a hi oedd wedi dwyn y pethau o siop Nain a Taid a'u gwthio i'w bin sbwriel lle cafodd Robin hyd iddynt. Ond pam? Fedrai Gwen yn ei byw â deall pam. Doedd Miss Davies ddim yn dlawd. Doedd arni ddim angen y pethau neu fyddai hi ddim wedi'u rhoi yn y bin sbwriel. Pam roedd dynes barchus, ganol oed fel hi wedi troi'n lleidr?

Daliodd Gwen y bag yn ei llaw a throdd oddi wrth Hefina i edrych ar Miss Davies a safai yn y sedd fawr yn rhythu arni. Roedd cornel gwefus Miss Davies yn symud yn nerfus ac roedd gwythïen yn pwmpio i mewn ac allan ar ochr ei thalcen. Syllodd am funud ar Gwen ag ofn yn llenwi'i llygaid ac yna crychodd ei hwyneb a dechreuodd weiddi crio fel pe bai'r byd ar ben.

"*Mae* ei byd hi ar ben," meddai Gwen wrthi'i hun. "Mae hi'n sylweddoli 'mod i'n gwybod y cwbl. O beth wna i rŵan? Rydw i'n rhy fach i ddelio efo'r sefyllfa ar fy mhen fy hun."

Ac yna, sylweddolodd bod Nain a Mam yn y sedd fawr a'u breichiau am Miss Davies yn ei harwain i ffwrdd. Teimlodd law ar ei hysgwydd a gwelodd bod Taid a Dad wedi dod i sefyll wrth ei hochr. Yn frysiog, gan faglu dros ei geiriau fwy nag unwaith, eglurodd y sefyllfa gorau y medrai. A dyna braf oedd cael trosglwyddo'r cyfrifoldeb i rywun arall.

Fu dim rhaid i Gwen wneud dim wedyn, dim ond mynd adref efo Bethan i swatio wrth y tân yn y stafell y tu ôl i'r siop. Doedd gan yr un o'r merched awydd sgwrsio a bu'r ddwy'n eistedd yn ddistaw gan gymryd arnynt wylio rhaglen deledu. Teimlai Gwen yn gymysglyd ryfedd. Cydiai arswyd oer ynddi, fel pe bai wedi codi llen am funud a chael cip ar dywyllwch a lechai dan wyneb siriol bywyd Baeheli. Nid fel hyn roedd antur i fod i ddiweddu.

"Mi ddylwn i deimlo'n falch 'mod i wedi datrys y dirgelwch," meddai wrthi'i hun. "Ond beth sy'n wynebu Miss Davies a Hefina rŵan? Efallai 'mod i wedi gwneud mwy o ddrwg nag o les."

Ond, ymhen hir a hwyr, pan ddaeth Nain a Taid a Mam a Dad i'r tŷ, gwnaeth y pedwar eu gorau i argyhoeddi Gwen ei bod wedi helpu Miss Davies, nid ei niweidio.

"Mae hi wedi bod yn sâl ers tro ac mae Hefina wedi dioddef llawer," eglurodd Nain. "Ond mi ffonion ni'i chwaer hi heno ac mi ddaeth honno ar frys, chwarae teg iddi hi. Mae hi wedi mynd â Miss Davies a Hefina efo hi i'w chartref yr ochr draw i Abergwynant."

"Doedd y chwaer yn gwybod dim am y salwch," ychwanegodd Taid. "Roedd Miss Davies yn rhy falch i sôn wrthi a Hefina'n rhy ofnus. Ond rŵan, mi fydd popeth yn iawn. Mi fydd Miss Davies yn cael triniaeth i'w helpu i wella ac mi fydd Hefina'n cael byw efo'i modryb arall am sbel. Rydw i'n credu y cân nhw Nadolig llawen wedi'r cyfan — diolch i ti, Gwen."

"Ac i mi." Doedd Bethan ddim yn fodlon cael ei gadael o'r stori. "Rydw i'n falch ein bod ni wedi medru'u helpu nhw," meddai yn ei llais meddal, rhamantus. "A, diolch i ni, mi fydd Gerwyn yn cael y bocs yn ôl rŵan."

"Bydd," cytunodd Taid. "Ac mi drefnith chwaer Miss Davies i dalu i'r siop yn Abergwynant am y siwmperi. Rydw i wedi dweud nad oes dim gwahaniaeth am y pethau a gymerodd hi o'n siop ni. Pethau bach oedden nhw."

"Mi fydd popeth yn iawn felly." Rhoddodd Gwen ochenaid o ryddhad a throdd i edrych ar Mam a Dad a eisteddai ochr yn ochr ar y soffa. Am funud, daeth cysgod i'w meddwl ond fe'i gwthiodd draw yn benderfynol. "Mi fydd popeth yn iawn i *ni* hefyd," meddai'n bendant wrthi'i hun, "hyd yn oed os ydi Mam a Dad am wahanu ar ôl y Nadolig."

Ond yna, dechreuodd Dad siarad ac, wrth wrando

ar ei eiriau, teimlodd Gwen ei hun yn fferru. Un peth oedd penderfynu peidio â phoeni. Peth cwbl wahanol oedd gorfod eistedd a gwrando ar ei holl ofnau'n cael eu gwireddu.

"Mae gan Mam a minnau rywbeth y dylen ni'i ddweud wrthoch chi'ch dwy," meddai Dad. "Doedden ni ddim wedi bwriadu dweud tan ar ôl y Nadolig ond . . ."

"Fedrwn ni ddim peidio â dweud, yn enwedig gan fod Nain a Taid a'r Capten yn gwybod yn barod." Torrodd Mam ar draws Dad a synnodd Gwen weld bod ei llygaid yn pefrio eto.

"Mae hi'n edrych ymlaen at gael byw heb Dad, mae'n rhaid," meddyliodd yn gymysglyd. "O, sut rydw i'n mynd i ddioddef hyn?"

". . . fis Ebrill," clywodd rŵan. "Mi fydd yn dro ar fyd inni ac mae Nain yn awyddus iawn inni ddod i fyw i Faeheli ond does dim wedi'i benderfynu eto."

Cododd lwmp mawr poenus yng ngwddf Gwen a theimlai'r dagrau'n llosgi y tu ôl i'w llygaid. Roedd y peth yn wir felly. Roedd ei holl amheuon a'i hofnau'n hollol wir. Ac yna, sylweddolodd bod Bethan wedi codi o'i sedd ac wedi'i hyrddio'i hun at Mam a Dad gan daflu'i breichiau am yddfau'r ddau a dweud, "O, rydw i'n falch! O, rydw i'n falch" drosodd a throsodd.

"Beth sy'n bod arni hi?" meddai Gwen wrthi'i hun yn ffwndrus a llyfodd ei gwefusau i ofyn mewn llais cryglyd, "Beth sy'n digwydd?"

Tynnodd Mam ei merch ieuengaf ati.

"Wnest ti ddim clywed?" holodd a'i hwyneb yn

wên i gyd. "Rydych chi'n mynd i gael brawd neu chwaer fach ym mis Ebrill."

"Wir?"

Cuddiodd Gwen ei hwyneb ar ysgwydd Mam rhag i neb weld y rhyddhad anferthol yn ei llygaid. Ac yna, ymhen munud neu ddau, cododd ei phen.

"Dyna'r anrheg Nadolig gorau gafodd neb erioed!" sibrydodd yn llawen.